MEMÓRIAS E NARRATIVAS
HISTÓRIA ORAL APLICADA

Conselho Acadêmico
Ataliba Teixeira de Castilho
Carlos Eduardo Lins da Silva
Carlos Fico
Jaime Cordeiro
José Luiz Fiorin
Tania Regina de Luca

Proibida a reprodução total ou parcial em qualquer mídia
sem a autorização escrita da editora.
Os infratores estão sujeitos às penas da lei.

A Editora não é responsável pelo conteúdo deste livro.
Os Autores conhecem os fatos narrados, pelos quais são responsáveis,
assim como se responsabilizam pelos juízos emitidos.

Consulte nosso catálogo completo e últimos lançamentos em **www.editoracontexto.com.br**.

MEMÓRIAS E NARRATIVAS
HISTÓRIA ORAL APLICADA

José Carlos Sebe B. Meihy
Leandro Seawright

Copyright © 2020 dos Autores

Todos os direitos desta edição reservados à
Editora Contexto (Editora Pinsky Ltda.)

Foto de capa
Jaime Pinsky

Montagem de capa e diagramação
Gustavo S. Vilas Boas

Preparação de textos
Lilian Aquino

Revisão
Bruno Rodrigues

Dados Internacionais de Catalogação na Publicação (CIP)

Sebe, José Carlos, 1943-
Memórias e narrativas : história oral aplicada / José Carlos Sebe
B. Meihy e Leandro Seawright. 1. ed., 2ª reimpressão. –
São Paulo : Contexto, 2024.
192 p.

Bibliografia
ISBN 978-65-5541-025-9

1. História 2. História oral 3. História oral – Metodologia
4. Narrativa 5. Memória I. Título II. Seawright, Leandro

20-1911   CDD 907.2

Angélica Ilacqua CRB-8/7057

Índice para catálogo sistemático:
1. História oral

2024

Editora Contexto
Diretor editorial: *Jaime Pinsky*

Rua Dr. José Elias, 520 – Alto da Lapa
05083-030 – São Paulo – SP
PABX: (11) 3832 5838
contato@editoracontexto.com.br
www.editoracontexto.com.br

Invernáculo

Esta língua não é minha,
qualquer um percebe.
Quem sabe maldigo mentiras,
vai ver que só minto verdades.
Assim me falo, eu, mínima,
quem sabe, eu sinto, mal sabe.
Esta não é minha língua.
A língua que eu falo trava
uma canção longínqua,
a voz, além, nem palavra.
O dialeto que se usa
à margem esquerda da frase,
eis a fala que me lusa,
eu, meio, eu dentro, eu, quase.

Paulo Leminski

Para Natanael Francisco de Souza,
denominador comum.

SUMÁRIO

APRESENTAÇÃO 11

ESPAÇO DE DEFINIÇÕES 19

PROJETOS EM HISTÓRIA ORAL 29

    Oralidade e história oral 31

    História do projeto 39

    Componentes de projetos em história oral 41

    Tema 44

    Justificação 45

    Corpus documental 49

    Hipótese de trabalho 51

GÊNEROS NARRATIVOS EM HISTÓRIA ORAL 59

    Espécies em história oral 61

    História oral de vida 62

    História oral temática 68

    História oral testemunhal 75

    Tradição oral 81

HISTÓRIA ORAL COMO PROCESSO 93

    Comunidade de destino 95

    Colônia 100

    Redes 101

CIRCUNSTÂNCIAS PARA ENTREVISTAS 111

    Entrevista planejada 113

    Pré-entrevista 114

    Entrevista como matéria 119

    Caderno e registro de campo 123

PASSAGEM DO ORAL PARA O ESCRITO E GUARDA DE DOCUMENTOS **129**

    Transcrição 131

    Textualização 133

    Tom vital 136

    Transcriação 139

    Bancos de histórias 145

HISTÓRIA ORAL APLICADA E ANÁLISE **153**

    História oral como fim ou como meio 155

    Fundamentos da história oral instrumental aplicada 158

    Transcriação analítica 160

    História oral pública 162

CONDUÇÃO DOS PROJETOS EM HISTÓRIA ORAL **169**

    Expressão oral de memória: responsabilidades 171

BIBLIOGRAFIA **183**

OS AUTORES **191**

APRESENTAÇÃO

Na memória, tudo é grato, até a desventura.

Jorge Luis Borges

Mas por que história oral *aplicada*? Há outra manifestação de história oral que não seja aplicada? O espelho da linguística, da psicologia e da matemática, entre outros ramos das ciências humanas e exatas, propõe reflexões que valorizam a história oral para além dos aspectos teóricos, abstratos, executivos. Mais do que fenômeno simples ou corriqueiro, sem maiores valorizações, a oralidade é assumida em seus extremos práticos e dimensionada como ato propositivo, bem como de inerência pública que ganha foros de relevo. Importa extraí-la de sua aceitação natural e provocar ponderações mensuráveis.

A elevação à categoria de registros, estudos ou reflexões, por sua vez, considera a dimensão popular e dialógica, de aceitação da oralidade além dos quadros acadêmicos. Por certo, a vocação pública impõe dificuldades que, de modo enviesado, têm sido solucionadas na divisão criticável de "história oral acadêmica" *versus* "história oral popular". A insatisfação com tais polarizações convida ao reordenamento do debate, imaginando o denominador comum, público e amplo, produtor e receptor, usuário enfim de todo e qualquer esforço do trabalho com entrevistas planejadas. Valorizando a recepção, certa aplicação da história oral se mostra como manifestação democrática possível, e, assim, cumpre papel político desejável. Evidentemente não se trata apenas de dimensionar o público da história oral e o consumo de histórias, mas a colaboração – como um fazer em conjunto – que confere sentido mediador aos investimentos.

A soma de atos que compõem os procedimentos adotados por oralistas, pessoas que trabalham com a história oral enquanto prática geradora de documentos e de registros que se explicam pela comunicação, tende a articular manifestações derivadas da existência de projetos. O desempenho prático da história oral, portanto, começa na elaboração de qualquer plano efetivo do trabalho, com entrevistas planejadas em seu sentido amplo e comunicativo. História oral aplicada é a dimensão prática de reflexões que não existiriam sem a materialização das intenções e sem a vocação comunicativa que podem confluir em análises. A aplicação se inicia na escrita de um plano de trabalho, que, ao contrário de se esgotar no começo, exige desdobramentos que evoluem para sua conclusão transcriativa e a devolução ampla.

História oral aplicada qualifica, assim, a função dos trabalhos feitos com entrevistas características. Porque se reconhece nessa prática a vontade de envolvimento dos segmentos que explicam a história oral, as definições de sua aplicação respondem a outro sentido do termo "aplicada", isto é, cuidada, cultivada, educada;

trata-se de uma história oral disciplinada ainda que escape aos enrijecimentos e imobilidades. Tais sinônimos valorizam, pois, o esforço transformativo da passagem do oral para o escrito: momento decisivo de ápice e síntese do diálogo mediador com a memória de expressão oral. Nada obstante, complementa-se, neste encete, o que tem sido divulgado até o presente como história oral – termo carente de coerência afetiva, mnemônica e/ou sócio-política.

A frase de Borges, constante na epígrafe, remete ao encantamento da experiência filtrada pela memória sempre em busca de seu sentido social. Mesmo traumas, dores pessoais e históricas, incuráveis agruras de outros, relatos extraídos do íntimo, ou, pelo contrário, expressões de interesses triunfantes, narrativas amorosas; tudo, enfim, se dinamiza por meio da comunicação verbal e assim ganha enlevo, dignifica a experiência de registros por modestas que sejam. Isso, aliás, lhes garante destaque central no cultivo de conhecimento, confere vida própria na ordem dos saberes, além do fascínio da combinação de fala/escuta/produção textual. Memória de expressão oral é mais do que reportagem, mais do que geração de novas pautas de debate e muito mais do que diagnóstico social. É sempre sondagem profunda, reflexão sobre o que é retido e reelaborado na intimidade da memória, substância que se projeta no diálogo entre partes interessadas na busca por entendimentos; trata-se de fiações argumentativas que se desenrolam e se tramam para deslinde de argumentos provocados. Tudo na chave da humanização das relações, na busca de compreensão de nossos papéis no mundo. Há algo mais profundo do que o exercício analítico de textos.

O resultado de encontros gravados, solenes pela responsabilidade do registro, diferencia-se das decorrências formatadas com base em documentos preexistentes, escritos, esfriados pela materialidade decorrente e distanciados daqueles produzidos alhures. É sob essa condição que se combinam fatores capazes de dar sentido para a história oral "filha da memória", condição exprimida por sons articulados na responsabilidade de contatos de pessoas. Importam as falas socialmente prezadas por cidadãos, expressões apresentadas como ativadoras de lembranças em favor de entendimentos dos dilemas ou questões a serem percebidas, consignadas sempre em favor de razões sociais. Nessa escala, a memória verbalizada justifica sua validade como atributo exclusivo dos seres humanos – seres mnemônicos por excelência – em busca de relações sustentáveis, sensíveis. Exclusivo dos viventes, sim, mas de sutil apreensão e entendimento decorrente da fala. Na mesma senda, valoriza-se a bifurcação entre modos de expressão. A memória "por escrito" percorre caminhos próprios e paralelos, distintos da "pronunciada verbalmente". Não são duas memórias, mas gozam de autonomias expressivas próprias; gêmeas, geradas na mesma maternidade, relacionam-se, mas não se confundem. Memória de expressão oral é matéria diferente da que se expressa por meio da e na escrita, o que torna conveniente não confundir uma modalidade com outra.

Indo além, cabe perguntar: mas, se germinadas nas memórias pessoais e coletivas, como tais marcas de lembranças podem se expressar pela via oral? Quais as diferenças mais evidentes das memórias depois proclamadas por escrito – na solitude individual e no tempo que lhe aprouver, podendo ser revistas, daquelas verbalizadas? E as respostas se prontificam para salientar que pela fala, aquelas disparadas em relatos dialógicos, cumpridos na intenção imediata do registro com interlocutor direto, se caracterizam na intensidade das presenças, no frescor dos contatos, na revelação de subjetivos escondidos nos filtros das lembranças. É pela transcendência do oral em busca de soluções escritas, complementares, que a história imediata se faz matéria e, assim, ganha foros de respeito com desejo de permanência.

Atualmente a história oral garante presença inegável, fenômeno que se impôs pelo acatamento público irreversível. Em diversos quadrantes do mundo, em diferentes segmentos culturais, com manifestações formais variadas, a aceitação desse fenômeno responde à combinação de interesses inerentes à condição social de todos e atua na busca de divulgação ampla. Sobretudo por sua inclinação ser pública, a história oral estimula não apenas a divulgação, pois requer devolução criteriosa; não somente uso, mas um exercício sensível do conjunto. As melhores práticas de pesquisa com a memória contemplam o "fazer com" que qualifica o conceito de "colaboração". Notadamente permitida, graças aos apelos explicativos do passado triado por protagonistas, a fala direta é mediada pelos avanços da eletrônica: gravadores, filmadoras, internet. Os desdobramentos da busca de sentido do momento vivencial de cada grupo exigem progressivamente novas soluções capazes de fazer com que a tecnologia colocada ao dispor da produção documental – e por meio dela – possibilite suportes explicativos do passado enunciado no presente, redito pela dicção da memória que ganha corpo físico nas gravações vertidas para o escrito.

O esforço planejado de investigação sobre o passado recriado na memória e as facilidades permitidas pela tecnologia possibilitam o que se conhece por "moderna história oral". Como dimensão de alternativas dispostas à maioria das pessoas, e com o alcance do direito de se contar e de se explicar, sempre garantidos pelas conquistas de posicionamentos pessoais, a compreensão dos fatos e das interpretações do pretérito não são mais exclusividades dos recursos referenciados por documentos consagrados, cartoriais, raros, alheios. E nem dependem do protagonismo dos explicadores de ofício que, aliás, sempre falam "dos" e "sobre" os "outros", inclusive quando remetem a si mesmos. Em paralelo às importantes manifestações possibilitadas pela disciplina História e demais irmãs nas humanidades, as alternativas de expressão da memória individual ou coletiva se elevam como ponto valioso para considerações sensíveis, colhidas no presente e com propensão pública.

Ainda que a cobertura da história oral tenha alcançado amplitude planetária, existem peculiaridades inerentes aos meios específicos que a acolhem e adotam como sua com notada ênfase nos países que passaram por regimes autoritários. Porque se inscreve na plenitude democrática, cumpre papel fundamental, orientada que é à atuação em favor de explicações afeitas ao passado obscurecido por momentos em que falar, registrar narrativas verbais e divulgar experiências equivaliam a fatores de credibilidade ariscada. Como manifestação do ambiente aberto ao amplo direito de expressão, a história oral torna-se gênero apropriado para garantir condições de registros públicos e independentes, inclusive do exclusivismo acadêmico que o legitima como matéria própria.

> A história oral está no ar e é de e para todos. Como protagonistas ou consumidores, o direito de se exprimir autentica a condição de cidadania graças à eletrônica e à passagem do oral para o escrito.

Este livro foi produzido segundo desdobramentos de pontos firmados por uma trajetória e por conquistas retraçadas pela história oral feita nos moldes propostos pelo Núcleo de Estudos em História Oral da Universidade de São Paulo (NEHO-USP). Ao longo de cerca de 30 anos, desde os efeitos da abertura política brasileira raiada na década de 1980, o NEHO-USP tem se dedicado à formulação de propostas, desenvolvimento de pesquisas e retorno público de resultados dispostos ao debate aberto. Além de variada agenda temática com inerência à empiria, o NEHO-USP se propôs com frequência à fundamentação teórica, desenvolvendo pressupostos que dialogam com o fazer da memória enquanto expressão nutridora da história oral.

A proposta que dirige este livro visa sintetizar o que já foi colocado à disposição dos leitores e, mais do que isso, favorecer a discussão sobre memória de expressão oral em diferenciação de memória de expressão escrita. O objetivo, portanto, é argumentar em favor de uma forma de produção de documentos, indicando critérios para formulações da expressão da memória falada, gravada, materializada do oral para o escrito e disposta ao público. Ao mesmo tempo em que é reflexiva, trata-se de uma proposta ora prática, ora instruída nos fundamentos de uma história oral de amplitude social. Isso sem deixar o desafio da subjetividade que sempre ambienta os casos. Porque não se acata mais supor que os projetos desta área de pesquisa não tenham a memória como razão mãe – como se a história oral resultasse de manifestação explicada por encontros desvinculados de enunciados que tenham fundamento próprio – buscou-se mostrá-la como meio, não como fim. De certa forma, essa postura renova as operações corriqueiras em história oral e, livrando-a de relações meramente utilitaristas, abre flanco para convenientes e complexas análises sobre tal fazer.

Em termos de organização das ideias, os argumentos abordam, na primeira parte, oito unidades, incluindo tópicos e textos de apoio. Mais do que a abertura destas linhas como um texto introdutório, cabe reconhecer a indicação de Opper Raijic, que pontificou: "O que fica não é a primeira impressão, mas o que fazemos depois da apresentação". Então, resta desejar mais do que boa leitura, boa prática em memória de expressão oral.

ESPAÇO DE DEFINIÇÕES

*Um espectro está rondando os muros da academia:
o espectro da história oral.*

Alessandro Portelli

Os personagens que atuam na composição de trabalhos feitos em história oral são como cara e coroa de uma só moeda que lastreia fenômenos decorrentes de expressões da memória provocada e manifestada por narrativas gravadas segundo projetos previamente elaborados. Em uma face, como dimensão genuína da condição humana, enuncia-se a fala coloquial, que, pronunciada por meio do aparelho fonador, torna-se via que dá passagem às manifestações da memória posta em diálogo formal com um interlocutor. O reverso da mesma moeda implica o ouvinte, personagem que acolhe a organização dos argumentos emitidos pelos colaboradores entrevistados para um dado projeto de história oral em lugares de escuta.

Em vez de considerar o entrevistado, ou interlocutor, como "depoente", "ator social" ou "informante", "objeto de pesquisa", a noção de "colaboração" deve estar presente desde a escrita do projeto. A decomposição do termo co-labor-ação é fundamental tanto para o andamento técnico do projeto como para sua função ética, pois remete à mediação, à participação conjunta e comprometida das partes, e também à relação efetuada por presenças que marcam diferenças, ao mesmo tempo em que se garantem buscas por mutualidades. Nesse sentido, o ato da gravação relativiza o papel meramente auxiliar e garante a solenidade do encontro que, aliás, merece destaque por, de certa forma, inverter a rotina continuada da vida ordinária e por consagrar ocorrências que poderiam ficar sem registros.

Assumindo-se que aqueles que narram suas vidas se estabelecem numa relação dialógica, de interação entre quem fala e quem ouve, estabelece-se que, a partir de situações provocadas, são formulados resultados que se constituem como finalidades dos encontros gravados. Como parte de um todo, cada entrevista ganha condição de corpo e alma, pois se constitui uma realidade em si, mas também integra o projeto maior que, aliás, confere-lhe sentido coletivo. Cabe ponderar que a ego-referenciação do interlocutor, como "vontade de potência" narrativa, consagra posturas diante de parcelas ampliadas. Assim como toda memória individual se constitui segundo legados complexos e coletivos – pois nascemos em comunidades institucionalizadas previamente, as quais têm como característica basilar a precedência de conjuntos que envolvem oralidade e a noção de pertencimento grupal –, cabe o reconhecimento de que a função dos projetos é oferecer oportunidade explicativa para fenômenos que implicam pessoas ou experiências coletivas chamadas à participação no tempo das gravações.

> A história oral é dimensão prática e organizada de projetos que exploram nuanças da memória. Tendo os fenômenos mnemônicos como semente, as possibilidades de sondagem da organização dos enunciados remetem à distinção entre seus enunciados. Não apenas os usos dos sentidos se harmonizam em relações distintas, mas, de igual forma, a possibilidade de revisão, pela escrita, quebra a força da espontaneidade.

Por vias da memória de expressão oral ocorrem harmonizações de interesses expressos a partir de colaboradores que se valem dos próprios recursos mnemônicos de lembranças provocadas e registradas por máquinas. Nessa linha – porque se tornam razão de ser das falas e dos registros –, os sons proferidos a partir da memória de expressão oral se relacionam com sistemas, com itens que se comunicam segundo preceitos e definições explicadas no conjunto. A finalidade de cada etapa é retroalimentar ordenamentos de maneira a possibilitar resultados palpáveis. Por isso, a história oral tem como nascente a memória, a qual se vale da expressão verbal para dar sentido ao encontro de pessoas interessadas em apresentar versões. A narrativa expressa na espontaneidade possível é a matéria ideal para as gravações.

> O conjunto de entrevistas, para a boa dimensão dos projetos, precisa evoluir de maneira a possibilitar resultados que tenham alcances sociais e públicos. A condução organizada dos procedimentos deve traduzir de forma clara o andamento da pesquisa.

Uma das características da memória é a seletividade, resultado do complexo processo de depuração do que deve ou não ser percebido na experiência individual ou coletiva. O esforço da história oral remete, pois, ao exercício de consentimento dessas expressões. Com isso, os fatores subjetivos que motivam aspectos escolhidos para ficar, no caso da história oral, interessam sobremaneira desde suas gêneses mnemônicas. Por isso, em história oral não se busca exatidões, verdades históricas, dados incontestáveis. Pelo contrário, interessa a versão dada pela relação da fala no enunciado narrativo. É por isso que a presença física, dialógica, o "olho no olho", pelo menos no início do projeto, faz-se fundamental. Esse pressuposto carrega o desafio contido na discussão de projetos feitos via internet, telefone, aplicativos ou outro meio que relativize a interação imediata entre entrevistados e entrevistadores. Por lógico, gravações feitas a distância são consideradas, mas recomenda-se que, na primeira oportunidade com o narrador, a experiência de gravação seja *face a face*.

Convém lembrar que a dinâmica circunstancial e a afetividade, quando pronunciadas na primeira pessoa do singular, deixam transparecer a fluidez da palavra que, por sua vez, ganha razão de ser na intensidade da recepção de enunciados sonoros. A entrevista, no entanto, não é constituída apenas por palavras, mas, sim, pela performance em geral por meio da qual atuam igualmente as presenças físicas, o corpo, e todo o cenário do encontro.

> Confundir o código oral com o escrito significa anular a sutileza inerente às expressões da memória. Por se constituírem códigos diferentes, cada maneira de enunciação merece cuidado especial. Leve-se em conta principalmente na solução escrita a ativação do tato que força a organização expressiva de maneira distinta da fala. Cabe lembrar que a performance é parte da entrevista e precisa se fazer presente na materialização do conteúdo gravado.

Diferente da memória escrita, a memória de expressão oral é espontânea, instantânea, mais ou menos liberta de instruções retificáveis, embora canônicas e, por conseguinte, dependente da chamada norma culta. A espontaneidade possível do encontro faz com que a língua ganhe diferenciação da formalidade escrita e se vitalize tal como é falada, sujeita a repetições, marcas da enunciação e outras variantes. Além disso, a memória manifesta oralmente, antes de ganhar a condição de escrita, inscreve-se no contexto abrangente da linguagem compreendida no decurso das performances expressivas.

Maleável, espiralada, nem sempre diretiva, repleta de vaivéns, a memória de expressão oral escapa das noções convencionais porque é fator constante na transformação do organismo social. Não sendo estática ou acabada, a expressão da memória oralizada tende a fugir dos enquadramentos da pureza da língua (norma culta) e, assim, constitui-se como variante das noções que instruem abordagens fiéis à oficialidade linguística. Interessa, contudo, perceber em quais momentos ou circunstâncias as variações da oralidade se apresentam e o porquê de sua alteração. As soluções para tais variações devem ser tratadas nos processos de transformação do oral em escrito: nas definições transcriativas.

Transcriação em história oral – inspirada na trajetória da tradução poética de Haroldo e Augusto de Campos, bem como nos fundamentos recebidos de Roland Barthes ao propor "o teatro de linguagem" – é reinvenção textual da entrevista, condição que a faz integradora dos códigos orais, gestuais, interditos e manifestações performáticas em geral, como silêncios, pausas reflexivas, risos, prantos, gestos, entre outros elementos de fala nem sempre expressos. Nesse sentido, a transcriação parte da insuficiência do dito em sua transposição literal para o escrito, e, ao lançar mão de recursos ficcionais no interior do texto durante a materialização da entrevista, promove recriações, ajustes e outras acomodações de palavras, pontuações, frases e parágrafos que realçam o papel de mediador conferido ao diretor do projeto de pesquisa e selam a colaboração culminada na conferência e autorização do produto escrito pelo entrevistado.

A percepção temporal da memória de expressão oral é diferente daquela empregada pela disciplina História que se abastece principalmente de documentos convencionais, escritos; tais documentos atendem ao tempo de circunstâncias de quantos detenham a produção garantida pela escrita. Da mesma forma, tanto o narrador assume o tempo de maneira alternativa, quanto o oralista – operador de projetos em história oral – que tem de materializar a entrevista, bem como o leitor que compreende a temporalidade da memória como distinta da História no acompanhamento das tramas vertidas para o universo do fabrico textual. A dimensão verbal da memória é ainda mais acelerada, desafia a sequência de organização no mundo pós-industrial e, ao mesmo tempo, tangencia as sensações provenientes de relações econômicas, sociais ou culturais: instabilidades, reparos, devaneios, sonhos, avanços, recuos e outros compassos de fala põem em risco iminente as noções de sentido único, de experiência inequívoca e da criação de mero "texto-prova" para versões panorâmicas. Porque memória de expressão oral não é objeto de "águas paradas" ou simples recipiente para armazenamentos, evita-se considerá-la como se subsistisse sempre com a mesma fisionomia e comportamento. Consideradas, portanto, as peculiaridades das expressões oral e textual da memória, cabe argumentar em favor de critérios de análises distintos para ambas as manifestações: como proceder a análise da oralidade com os mesmos padrões interpretativos da textualidade?

Nesse sentido, a memória de expressão oral torna-se campo de ação sempre reelaborado pelo disparo da fala que ganha potencial reorganizador de sensibilidades no mundo modificado de maneira incontornável pelas Tecnologias Digitais de Informação e Comunicação (TDIC). No entanto, as condições mnemônicas de seletividade e afetividade com a presença das tecnologias são enredadas por outra lógica que, não raro, têm de lidar com cadências de algoritmos em espaços habitados por mediações programadas. Uma coisa é memória física, biológica, individual, e outra, bem diferente, é memória artificial regida por mecanismos que merecem distinções analíticas. No entanto, cabe considerar a memória não mais como em linha de produção, produto disponível nos segmentos industriais – como artigo acabado, que desce pela esteira para que, depois de ganhar embalagem, seja apresentada como coisa. Fruto de motivações sempre subjetivas, cabe propor a memória libertada de fórmulas únicas, comportada em receitas que tolhem a reflexão sobre sua gênese e ambientes de expressão.

A organização da memória contemporânea em "lugares" específicos se torna fragilizada porque se duvida de postos de competência. A democracia da palavra expressa pela memória a faz pública, de todos e em todos os planos. Não se remete, pois, às questões de lugares físicos ou de autoridade estabelecidas para falar no lugar do outro. Assim, ressalta-se a noção virtual de "lugar" como ambiente explicativo das condições de enunciados. De outra maneira, a memória de expressão oral funciona, por exemplo, em novos suportes capazes de criar formas seletivas das informações indexadas em mecanismos de busca. Mais ainda, a indexação de conteúdo fora do organismo propõe reorganizações orgânicas da memória conhecidas no disparo da fala. Em memória de expressão oral, o pesquisador não trabalha como armazenador de conteúdos lembrados, mas como mediador de linguagens conhecidas, de impressões e de novos parâmetros comunicativos.

> Não se fala em "memória oral" – dada a inexistência formal desta categoria –, mas, de maneira particular, acata-se a manifestação da forma de mensagem verbal como memória de expressão oral.

Para o oralista, os procedimentos em propostas que incluem gravações obedecem a rumos planejados, mas não podem ser estanques ou esquemáticos. Até pelo reverso, recomenda-se a escuta criteriosa, obediente ao que foi intencionalmente dito, mas sensível. Pois convém lembrar que mesmo seguindo-se o projeto, a condição humana, a troca de experiências diretas anula os pressupostos dados como a inteligência artificial. No momento em que os robôs, *bots*, são formados para criarem narrativas dinâmicas nas diversas redes, quer sejam propagandas, versões de fatos ou "falsas histórias" providas de más intenções, o alargamento do conceito de "bom narrador", ou de "narrador pleno", recebe novo significado: não o de escapismo ao mundo de alta tecnologia e tampouco de integração naturalizada, mas o de perfazer novos contextos na relação colaborativa da história oral. Da noção de "narrador pleno", surge a requalificação de quem ouve em história oral como "escutador pleno": restaurador da aura, do encanto da palavra e recriador da oralidade nos "córregos textuais". É claro que tudo é feito, em ternos de análise, sem retirar da atmosfera a dignidade da crítica.

Um projeto possui etapas que se sobrepõem com direcionamento claro. Nesta condução, mais do que assumir a memória coletiva como explicação absoluta, ou como chavão, leva-se em conta a dimensão individual da memória expressa, condição que a um tempo unifica e desunifica o absoluto. Pelas narrativas, revelam-se afinidades e contradições, fatores que valorizam as singularidades e destacam as diferenças indicadoras de contraditórios. Nesse sentido, a história oral procura em operações o projeto como indicador inaugural de grupos polifônicos, os quais se expressam revelando as semelhanças e dessemelhanças pretendidas, mas sem cair em absolutos da identidade.

De forma indutiva, o projeto sinaliza as experiências capazes de modificações nas propostas originais, dando-lhes novos sentidos e outras formas a partir da pesquisa empírica. Fala-se, então, em transcriação do próprio projeto durante o percurso. O procedimento inicial é a escrita criteriosa do projeto, no interior do qual constam elementos que integram a pesquisa de história oral. No projeto, as perguntas: "de quem?", "como?", "quando?", "por quê?", "por quem" e "para quem" se associam ao "porquê" na soma de intencionalidades do oralista.

> História oral é um conjunto de procedimentos que se inicia com a elaboração de um projeto e que continua com a definição de um grupo de pessoas a serem entrevistadas. O projeto prevê planejamento das gravações, com indicação de locais, tempo de duração e demais fatores contextuais, bem como o tratamento a ser dado: estabelecimento de textos; conferência do produto escrito; autorização para o uso. O projeto estabelece parâmetros para eventuais análises das histórias ou disponibilização de entrevistas inteiras; arquivamento ou criação de bancos de histórias e, sempre que possível, a publicação dos resultados que devem, em primeiro lugar, ser devolvidos ao grupo que gerou as entrevistas.

PROJETOS EM HISTÓRIA ORAL

É porque, de certo jeito, a gente quer que isso seja,
e vai, na ideia, querendo e ajudando.

Guimarães Rosa

O destaque dado nesta parte remete aos fundamentos do trabalho sobre a memória narrativa e à produção de projetos em história oral. Depois de indicações conceituais de termos, como oralidade, fontes orais e história oral, buscou-se esclarecer o sentido de entrevistas como operações capazes de instruir os planos de estudo.

Deixando claro que não existe história oral sem projeto preestabelecido, que entrevistas isoladas e independentes não se constituem matéria de história oral, explorou-se o planejamento, assim como a execução das propostas orientadas para se atingir os objetivos delineados nos projetos.

A indicação das etapas que compõem os projetos visa qualificar o significado de cada item e as características que devem compor os conteúdos das partes que precisam ser articuladas a fim de dar sentido lógico à proposta central. E tudo se inicia com bom enunciado do "tema". O entendimento da "justificação" – etapa seguinte – vale como maneira de mostrar os fundamentos da investida e de como organizar os resultados das entrevistas em um "*corpus* documental", ou seja, em como tornar os resultados gravados suportes para outras etapas da proposta. Com base nesta sequência pode-se indicar a "hipótese" de trabalho para melhor formulação da problemática a ser estudada.

A Leitura Complementar "Memória de expressão oral: em busca de um estatuto" é um texto adicional ao tema.

ORALIDADE E HISTÓRIA ORAL

Todos os projetos em história oral podem ser compreendidos como propostas formais de pesquisas variadas, mas com objetivos, critérios e parâmetros próprios que dependem dos fins propostos. Qualquer situação vivenciada é passível de transformação de um estado abstrato – que não existiria sem a intervenção do registro. Transposto para a forma escrita, o oral ganha materialidade documental, condição que legitima a mudança de uma situação abstrata, solta, para outra, material. História oral é, pois, o movimento de transformação da circunstância natural à sua desnaturalização: da fluidez verbal para a formatação escrita, tudo graças à transferência do oral para outro suporte, material. O projeto é o artifício que possibilita a estabilização progressiva do verbal no plano das letras. Há, nesse processo, dois estágios da operação de transferência da oralidade para a sua condição palpável:

1. O próprio projeto, que se constitui em ato transformador da passagem de algo difuso para a materialidade garantidora da condição analítica;
2. Outro momento remete às operações que permitem certo trabalho de mudança da circunstância enunciativa, das memórias individuais, para o texto escrito.

Tudo como decorrência de projeto que, na consideração da história oral, faz-se ato fundador de pesquisas organizadas a fim de tornarem factíveis as investidas sobre a memória de expressão oral. Ouvir, gravar, dar forma escrita, cuidar dos resultados e, eventualmente, analisar o material: essas são tarefas decorrente de proposta que serve como guia para a evolução do plano. Nesse sentido, o projeto deve prever a ordem das operações e orientar os estágios da condução.

> O projeto é ponto de partida para delinearem-se as possibilidades de registros organizados a partir dos materiais sonoros gravados e transpostos para a escrita. Todo projeto é sistêmico e assim incorpora uma lógica indutiva.

No caso de trabalho com história oral, deve-se considerar o papel das entrevistas que podem dialogar com um conjunto mais amplo de narrativas previstas no mesmo projeto sem prescindir, quando é o caso, da abertura analítica entrelaçada com outros núcleos documentais. Há casos em que as entrevistas fundamentam o conjunto documental proposto e fazem sentido por si. Outros, porém, levam em conta a existência prévia de materiais a serem considerados como motivos analíticos das propostas com documentos produzidos por meio da história oral. A preexistência documental é fator básico para a qualificação procedimental do conjunto, mas, ao se falar de história oral evidentemente baseada em entrevistas, torna-se importante salientar o papel das gravações para o projeto. Nesse sentido, é fundamental diferenciar *oralidade* de *história oral*. A distinção, com clareza do produto a ser abordado, é, portanto, a primeira condição para se preparar um projeto.

Oralidade caracteriza um conjunto de expressões preexistentes que se constituem em manifestações sonoras, expressadas em tradições culturais mais ou menos resistentes. Letras de músicas, orações, "receitas típicas", "remédios tradicionais", lendas e/ou mitos contados por gerações, por exemplo, ganham foro de análise quando captados e escriturados porque geram reflexões distintas.

> A mediação da escrita é fundamental como artifício capaz de permitir exames feitos no contexto de documentos analisáveis. As *fontes orais* podem gerar reflexões desde que se corporifiquem em documentos visuais gráficos, materializados em suportes físicos, trocando, assim, parcialmente, sua volatilidade circunstancial.

Lendas decorrentes de tradições firmadas desde a Grécia antiga – que passaram por inúmeras outras experiências culturais – e mitos transmitidos por dizeres sonoros, isoladamente, não se constituem em história oral, distinguindo-se tanto pela anterioridade da proposta quanto pela natureza do aporte. A participação autoral presente pelo enunciado narrativo diferencia história oral de oralidade. Fontes orais são fórmulas expressivas de matérias que obedecem a outros critérios, os quais se configuram como independentes de suportes materiais; o mesmo pode-se afirmar sobre entrevistas de história oral.

A história oral é um processo derivado de entrevistas planejadas, decorrentes da armação de um projeto específico, que, por sua vez, responde a determinados impulsos de registro além de objetivos, disponibilizações e análises. Distingue-se, assim, da simples utilização de fontes orais e manifestações sonoras diversas. Não há espontaneidade em história oral, pois tudo é planejado, medido e orientado por indicações de passos ordenados e que se comunicam. Existem diferenças expressivas entre projetos feitos com apoio de documentação oral e documentação escrita. As aventuras procedidas com matrizes orais, apesar de premeditadas, são mais maleáveis e sujeitas a mudanças. Muitas vezes o rumo das entrevistas indica mudanças que, contudo, devem estar previstas no projeto. Os projetos feitos em cima de documentos escritos são menos flexíveis, menos abertos a diálogos. A existência de projeto no campo da história oral tem sua matriz na organização de estudos acadêmicos ou científicos, ainda que não se restrinja a eles em razão de sua inclinação pública.

Sem dúvidas, a presença de projetos como ato fundador das aventuras em história oral impactou os estudos acadêmicos, sempre atentos aos rigores metodológicos. Considera-se, porém, que, de igual forma, o projeto tem servido de guia para outras investidas, quase sempre alinhadas aos interesses públicos. Mesmo não limitando a história oral à condição universitária, recomenda-se, como essencial, sua estruturação planejada como forma de guiar as investidas de gravações, bem como as decorrências práticas. Projeto é uma projeção ou uma expectativa sobre as possibilidades de resultados, quer sejam no campo das operações de cada etapa, quer sejam na esfera de políticas públicas pretendidas. A previsão é, então, o fundamento dos esforços que, no caso da história oral, implicam responder antes de tudo o "porquê" de se realizar tais encetes. Além disso, qualquer projeto em história oral opera no âmbito de um sistema que congrega elementos bem ajustados, concatenados e suficientes para o tratamento de sua matéria primaz: a expressão verbal da memória na experiência de grupos.

Propor um projeto como sistema articulado entre as partes que se completam não significa enrijecê-lo ou assumi-lo de maneira fechada e sem porosidade. Todo projeto de história oral baseado na expressão da memória se caracteriza por admitir flexibilidade e superação do mecanicismo, condição que confere sentido ao que se reconhece por "história viva" ou história feita no tempo vivo da memória. Os acontecimentos imprevisíveis do processo de entrevistas acabam por possibilitar novas inclusões ou mudanças de rumos, gestual que, atendendo cadências de combinações, subjuga os procedimentos e determina novas abordagens. As partes propostas para projetos em história oral remontam espaços de criatividade, de condução adequada e de escolhas multiplicadas segundo as vivências no campo de pesquisa. Tudo, porém, facilitando a comunicação de uma etapa com a outra – sem que se perca a lógica da proposta. A sequência de itens a serem seguidos merece cuidados em relação à ordem de execução.

Muitos projetos em memória de expressão oral são vinculados aos esquemas de estudos acadêmicos, mas, de igual forma, podem ser realizados de maneira independente das estruturas universitárias; nessa direção, tais projetos podem ser executados por interessados em geral, tais como: membros de famílias, sócios de clubes, fiéis de igrejas, empregados de empresas, organizações não governamentais (ONGs) e outros grupos afetivos ou de interesses variados.

> Sob razões e justificações variadas, projetos em história oral garantem que suas partes sejam embasadas por nexos que se complementam e contenham elementos facilitadores da execução.

A intencionalidade dos projetos deve responder a propósitos bem definidos. A fim de facilitar os "porquês" de cada proposta, deve-se levar em conta outras questões motivadoras e que precisam ser consideradas para boa instrução dos projetos:

- **"De quem"** – Remete às parcelas estudadas que não apenas servem de justificação para incursões acadêmicas, mas indicam o trabalho com *comunidade de destino, colônia* e *redes*. Nada obstante, torna-se possível garantir, por ampla inserção no campo da memória, a escuta para quantos tenham intenções e predisposições de fala a respeito de experiências alinhadas à proposta. Recomenda-se partir da pessoa, ou do conjunto de pessoas, comumente considerado como *ponto zero*: aqueles que aparentemente, a juízo do oralista em pesquisa prévia, têm a maior reserva de memória entre os colaboradores.
- **"Como"** – Sugere escolhas procedimentais apropriadas à história oral, desde a armação do projeto até o momento das entrevistas. De igual forma, indica vieses adequados

para o respectivo tratamento das gravações seguido de validação e eventuais análises. Nesse sentido, importa pensar que o campo da memória de expressão verbal tem peculiaridades que implicam operações singulares e conformam feições próprias da história oral.

- **"Quando"** – Duas são as temporalidades quando dimensionados os projetos característicos da memória de expressão oral. Uma primeira é relativa ao tema, que é quando o assunto emerge e é justificado. Em continuidade, e em escala imediata, é significativo abordar os ajustes imediatos e práticos dos cronogramas, mutualidades. Nessas circunstâncias, fazem-se importantes negociações com colaboradores, as quais servem tanto para aprazar a consecução de cada parte – ainda que com margens para variações – quanto para corrigir eventuais equívocos de percurso ou mesmo para recriar o projeto. Além disso, a memória de expressão oral possui qualificações específicas em diferentes temporalidades narrativas: no caso de entrevistas múltiplas, as histórias passam por reconstruções dinâmicas seguindo cadências apropriadas na propagação de memórias. Entrevistas singulares marcam pontualmente o momento da verbalização.

- **"Por quê"** – As razões da justificação transcendem peculiaridades de grupos escolhidos para as entrevistas, embora eventuais dramas e episódios traumáticos resultem em argumentos válidos sempre avocados. Perspectivas abrangentes, como resultantes de impactos sociais de longo alcance, ou dramas particulares que refluem à comunidade de destino são razões que sobressaltam aos importantes números que, contudo, acabam esfriados pela letra impressa e pelo tempo estancado quando da transposição da vida à condição estatística. Avança-se em relação às estatísticas porque, embora importantes para dimensionar problemas sociais, são insuficientes quando da determinação de longitude ou amplitude em memória de expressão oral.

- **"Por quem"** – Um dos mais relevantes aspectos dos projetos de memória em história oral remete ao conceito de colaboração. A tradição acadêmica quase sempre se percebe credenciada a propor a história do "outro", sem necessariamente considerar os motivos dos pesquisadores. No caso da história oral, considera-se a dialogia das entrevistas e, nesse sentido, "por quem" ganha quilate fundamental para revelar as intenções de quantos organizem investidas. O "eu" colaborador integra a parceria e equilibra poderes. Assim, o pacto entre as partes não deixa de dinamizar o papel autoral da direção do projeto, fazendo-o, pois, parte inerente da proposta. O oralista opera a história oral por quantos requeiram abrigo de uma escuta atenta e criteriosa, quer seja de quem se encontra na condição de narrador ou de primeiro receptor das histórias. A história oral toca o público não por ser publicista ou publicitária, mas por pressupor operações conjuntas: de outra maneira: quando um narrador fala, por quem ele fala e quem fala nele?

- **"Para quem"** – A história oral se destina ao público não sem encontrar significado especial nos grupos que deram origem às entrevistas. Antes de atingir ao grande público – destino sempre requerido, a história oral é devolvida *para* e *com* os colaboradores. Isto é, o oralista preza por propostas de políticas públicas ao encontro de grupos vulneráveis ou que se identificam com os variados reclamos sociais. Mais do que para serem guardadas em arquivos primorosos ou prospectadas, as entrevistas ganham destinação social – incomodam grupos estabelecidos.

> No campo da intencionalidade, o projeto é comparável a um duto ou dique e não fim em si mesmo. A vocação de todo projeto é responder a algum tipo de apelo de interesse social ou afetivo.

Essa cadeia de questões deve anteceder a organização do projeto e se harmonizar no andamento da investigação. Amiúde, as intenções que instruem propostas são coletivas, remetendo à constituição de equipe composta por vários pesquisadores; compartilhando-se intenções, ideias e afazeres, o trabalho de pesquisa em equipe funciona na convergência de intenções dos envolvidos. A crescente tendência de trabalhos em equipe precisa vir acompanhada da indicação sobre quem é o diretor do projeto de pesquisa.

Como ato de racionalidade patente, o projeto passou a fazer parte dos ritos organizadores de quaisquer aventuras planejadas em história oral. Ao se iniciar um projeto, deve-se ter clara a determinação dos objetivos, para o que se recomenda uma pesquisa ou sondagem prévia. Recomenda-se, ainda, que os projetos nesse campo tenham objetivos centrais (ou específicos) e gerais (ou amplos).

> Os primeiros, centrais, remetem ao tema do projeto. Os gerais são complementares e indicam aberturas para o debate metodológico, tratamento técnico da matéria e, quando é o caso, complementação historiográfica.

Os objetivos centrais devem ser pouco e diretamente reativos ao tema proposto. Os gerais devem remeter ao sentido do tema em percepção ampliada: relação com a literatura/historiografia, comprometimento técnico de execução e sobre o assunto, bem como aspectos voltados ao tratamento dos procedimentos da pesquisa ou aos vínculos teóricos da proposta.

Como recurso de preparação para o início de um projeto, deve-se observar o conhecimento prévio e a produção sobre tema, assim como o que já foi escrito ou estudando sobre o assunto. Busca-se, da mesma forma, os comentários especializados referentes à matéria, contando com especificações sobre o espaço em que se inscrevem e o tempo de sua produção.

> Antes de se iniciar a organização do projeto, deve-se ler, instruir, preparar o campo de trabalho. A preocupação sobre as novidades em termos de resultados da investida é fundamental para o bom sucesso de seu percurso.

HISTÓRIA DO PROJETO

Toda aventura em história oral carrega em si uma trajetória que merece ser contada. Essa dimensão pública do processo é característica da história oral e procura dar fundamento social às consecuções. Apesar de ter o projeto como essência, as eventuais transformações no andamento da execução devem ser noticiadas, informando das razões que levaram às eventuais mudanças de rumo, pois, com o devido respeito aos ditames do projeto, em história oral sempre há espaços para novidades. Chama-se *história do projeto* a nota explicativa que apresenta o andamento da pesquisa para o público. Como se fosse uma aproximação dos leitores, toda *história do projeto* deve apresentar seus pontos de partida, os momentos de flexibilidade e alterações, revelando o percurso desde as ideias que lhe deram origem até os primeiros registros de escrita, bem como as demais modificações ao longo do trajeto.

> Situações adversas, atípicas ou diferentes das práticas mais aceitas ou consolidadas na área da história oral podem ser apresentadas ou justificadas durante a história do projeto. Para tanto, os episódios, as circunstâncias e as situações específicas devem ser cuidadosamente registrados.

A história do projeto é um texto escrito a partir da própria experiência do oralista, passando pelas anotações do caderno de campo ou pelos registros glosados em suportes variados. Sem que se confunda a *história do projeto* com etnografia, o percurso do oralista encontra aprimoramento na *colaboração* dos diferentes narradores e nos elementos dispostos às reflexões que detalham, entre outras situações, contatos com grupos e em quais circunstâncias ocorreram as entrevistas.

Comumente, a *história do projeto* é alocada no início dos textos que resultam da pesquisa, quer sejam encetes acadêmicos, como dissertações, teses e livros, quer sejam realizados por comunidades afetivas fora do ambiente universitário. Nesse sentido, ressalta-se que a *história do projeto* sugere para cada leitor os diferentes ambientes das entrevistas. Cuidados especiais devem ser notados a favor de uma espécie de reinvenção do lugar e do ambiente da entrevista. Atuam, neste momento, por exemplo, esforços para explicar detalhes como a luminosidade, os odores, as sensações que não são transparentes na emissão das vozes. De igual maneira se diz das modificações constantes e realizações medidas por problemas de tratamento das palavras, correções vernáculas, vícios repetidos de linguagem, contradições e desafios contornados ao longo do percurso.

> A *história do projeto* produz o benefício da ambientação do leitor para ingresso nas entrevistas materializadas e em eventuais análises. Gestos, olhares, lágrimas, risos de todos os tipos são fatores constituintes das entrevistas. A *história do projeto* pode suprir algumas faltas de ambientação que superam as falas.

Por excelência, a *história do projeto* inaugura o momento de contato direto entre os responsáveis pela proposta e os leitores. Atenção especial deve ser dada a este item que cumpre a função de sensibilizar os apreciadores do produto.

COMPONENTES DE PROJETOS EM HISTÓRIA ORAL

Por tratar de *história viva* em cadências variadas e multiangulares, os projetos em história oral são mais vulneráveis porque padecem da necessidade de mudanças ou atualizações. Por isso, diferem dos projetos feitos com base em documentações escritas e já estabelecidas – que, mesmo sujeitas às mudanças do tempo, são estabilizadas pela grafia. Por remeter às pessoas vivas, dispostas a narrar suas percepções e experiências, é conveniente supor projetos que partam do pressuposto de fragilidades, mas que, ao mesmo tempo, dirijam escolhas prevendo condutas possíveis. As possibilidades de surpresas distinguem os projetos que podem abrigar novidades fundamentadas na emersão de lances subjetivos, versões que merecem cuidados e que são motivos dos projetos em *memória de expressão oral*. Como *história viva*, parâmetros mais estáveis em estudos baseados em documentação escrita são sujeitos às variações impostas pela dinâmica da pesquisa. Por exemplo, num trabalho em andamento sobre a prostituição feminina, em dada ocasião, algumas travestis se apresentaram para entrevistas, porém, de início, o projeto não contemplava pessoas biologicamente nascidas homens. A força dos argumentos expostos por interessadas em contar suas histórias fez com que fossem incorporadas novas e justificadas redes. Assim, as hipóteses e balizas temporais também são fatores sujeitos às adaptações.

Há de se distinguir dois tipos de projetos atentos às finalidades dos resultados. Existem projetos que se ocupam apenas com o levantamento e registro de histórias. Esses são distintos daqueles que têm como objetivo apenas colecionar narrativas que, além de alimentarem eventualmente os *bancos de histórias*, podem, de igual forma, ter objetivos analíticos. Com isso, afirma-se que existem projetos legítimos de história oral que pretendem apenas arquivar situações narradas como, por exemplo, séries atentas a pioneiros fundadores de empreendimentos ou pessoas que passaram por determinados tratamentos em instituições. Coisa semelhante se diz de participantes de entidades de serviço (escolas, hospitais, igrejas) ou lazer (agremiações esportivas, escolas de samba, rodas de "contação" de histórias). Em si, a preocupação central seria marcar experiências que não necessariamente implicam exames.

Em projetos que se armam para análises, é preciso ter claros seus objetivos imediatos e evidenciar quais são os seus fins. Por certo, a condução das entrevistas tem a ver com os fundamentos que, no caso de projetos analíticos, precisam-se indicar as intenções que, por suposto, afetam a condução. Nesse acaso, aliás, procura-se aclarar a existência de preocupações comuns que perpassam por todas as entrevistas.

O *projeto* precisa, desde o título, oferecer indicações das linhas gerais pretendidas no trabalho de campo. Nesse sentido, vale dizer que se deve prever, com detalhes possíveis, as operações ou etapas a serem desenvolvidas. Pois um projeto característico é o principal diferenciador entre história oral das demais áreas – acadêmicas ou não – que trabalham com entrevistas. Recomenda-se, por conseguinte, distinguir claramente a diferença entre o mero registro de experiências gravadas ou os *bancos de histórias* dos projetos analíticos. Nesse sentido, os chamados museus da imagem e do som, os centros de memórias, os clubes de bairros, a cada dia mais, multiplicam registros que ficam arquivados para futuros usos.

> Note-se que com a evolução da história oral e, em razão de seu acatamento cada vez mais amplo, existem tendências progressivas em se criar *bancos de histórias*. Há valorizações políticas nesses registros, pois visam comunicação com outros grupos de pesquisas e com futuras gerações.

Um *projeto de história oral*, além da proposta diretora que visa abordar determinado assunto, ou um aspecto de interesse social (tema), necessita de uma segunda parte, com igual importância procedimental, justificadora dos fundamentos operacionais (teoria ou fundamento metodológico). Compondo a estrutura do projeto, cabe observar que são fundamentais as seguintes partes: *tema*; *justificação* (que contenha os objetivos); definição da *comunidade de destino* e da *colônia*; formação de *redes*; *hipótese de trabalho*, entre outros aspectos. No segundo caso, frente ao terceiro item, especifica-se a operação mostrando o significado do detalhamento sobre as entrevistas; *transcrição*; *conferência*; *critérios de uso* e *arquivamento*, entre outros elementos.

> Não há história oral sem projeto, pois entrevistas soltas ou feitas para outros fins não se constituem em resultados de história oral.

Para a execução de quaisquer trabalhos em história oral não basta estar munido de gravador ou de filmadora e ter narradores dispostos a contar algo. História oral não se limita ao uso de maquinário eletrônico que, portanto, apenas garante uma primeira etapa da materialidade do produto buscado. Além do processo de negociação sobre as condições gerais das entrevistas, os projetos estabelecem critérios que contemplam a gravação por quaisquer meios como uma das etapas. Assim, todo e qualquer registro físico ou material é importante, mas apenas tem função de intermédio tecnológico, facilitador.

TEMA

Seja *história oral de vida*, *história oral testemunhal* ou *temática*, ou até mesmo *tradição oral*, todo projeto deverá ter um título (ou "nome") que sintetize os significados intencionais, geral e específico da pesquisa. Além da clareza na nomeação do *projeto*, recomenda-se que remeta a indicações úteis para a leitura da proposta. Isso requer, quase sempre, especificidades capazes de indicar além do assunto, o tratamento da área de *história oral*, de referências espaciais de onde os participantes estão, bem como de aspectos estruturais do projeto. Um estudo – no campo da saúde – sobre "obesidade mórbida", por exemplo, poderia ter o seguinte título: "Corpo, saúde e sociedade: história de vida de mulheres obesas no Vale do Paraíba". Outro exemplo, desta feita atento ao processo de povoamento de dada região: "Nova imigração: trabalho e cidadania nos fluxos de venezuelanos no Brasil"; mais um: "Estado, saúde e tradição: o sangue em gerações de hemofílicos entre as testemunhas de Jeová".

> O título do trabalho é importante porque deve refletir não apenas a orientação do assunto que motiva a investida, mas também o ramo da *história oral* de que trata, bem como os espaços ou grupos envolvidos.

Basicamente um título deve constar de quatro partes, a saber:

1. Referência à "comunidade de destino";
2. Definição da "colônia" abordada;
3. Especificidade da(s) "rede(s)";
4. Ramo de história oral que se pretende.

> O título pode ser apresentado de maneira composta e em propostas de transformação social ou de estudos explicativos de dramas comuns.

Sugere-se, em complemento, decompor o título e explicar cada uma de suas partes ainda que de forma introdutória. As partes do título explicadas podem apontar para uma espécie de introdução do que se pretende. Além disso, as delimitações são importantes e o critério é estabelecido desde a definição da comunidade de destino até o ramo da história oral pretendido. É aconselhável que, na decomposição do título, no projeto, seja especificado o sentido de cada elemento que será observado no desenvolvimento da proposta.

JUSTIFICAÇÃO

Todo trabalho proposto em história oral deve comportar uma ou mais justificativas que deem conta da importância do estudo proposto. Isso porque se quer evitar trabalhos que tratem a "entrevista pela entrevista", esgotando no momento da gravação a finalidade do projeto, propõe-se que ela tenha uma explicação do quadro mais amplo em que o estudo se localiza. Para tanto, é fundamental que o projeto se justifique em face do tema a ser estudado e da importância frente aos estudos já formulados sobre o assunto. Quando se trata de situações em que não há estudos ou casos em que a documentação é rala ou inexistente, isso deve ser indicado sem que, entretanto, seja supervalorizado o fato do trabalho com memória eventualmente suprir lacunas documentais. Não se deve perder de vista que a *história oral* pretendida tem inerências com reflexões sobre a memória, e não com produções encerradas em uma disciplina (História, Sociologia, Antropologia, Etnografia, Psicologia) que, afinal, quase sempre, se fazem superiores às experiências contadas, filtradas pela chancela da memória.

Sabe-se que os caminhos da memória são distintos dos vieses da História, embora alguns historiadores, amiúde, lancem mão da história oral como metodologia de pesquisa.

Na *justificação* (ou nas *justificações*), devem ficar claros os objetivos do *projeto* e as relações comportadas. Nesse sentido, é conveniente especificar quais são as intenções centrais e quais são as complementares ou gerais. No primeiro caso, ressalta-se que os objetivos primordiais devem atender sempre a algum interesse importante que vincula os entrevistados ao escopo de um sentido social que, por seu turno, marca a relevância do trabalho. A complementação deste objetivo pode também se dirigir ao diálogo historiográfico, evidenciando lacunas ou correções da literatura específica sobre o tema abordado. O projeto, porém, deve ser visto como referência, não como uma camisa de força ou algo estanque ou engessador. É por isso que o projeto é, em si, uma experiência. Deve-se, assim, orientar o andamento do trabalho e dialogar constantemente com o que foi proposto, com aquilo que fica estabelecido na justificação do estudo encetado. Apesar da flexibilidade do projeto, não se deve esquecer que ele é fundamental como ponto de partida, como norte orientador do andamento capaz de justificar a existência do estudo.

Aqueles que defendem que a história oral tem caráter disciplinar estabelecem, por conseguinte, independência das remessas dos aportes teóricos diversificados segundo áreas de incursão, seja: à História, à Sociologia, à Psicologia, ao Jornalismo, entre outras áreas. Evidentemente, aqueles que advogam a história oral como manifestação autônoma dispensam os compromissos de remessa aos campos disciplinares específicos ou únicos. Qual for a finalidade do projeto, ou seu campo de diálogo, existem situações comuns a todos os projetos que trabalham com entrevistas. Determinados procedimentos devem ser adotados em todos os casos a fim de possibilitar coesão, unidade e dar sentido às diferentes situações vivenciadas pelos *colaboradores*.

> O enquadramento do projeto na área disciplinar a que se filia o trabalho é conveniente para não confundir os segmentos envolvidos. Se desenvolvido na linha da História, da Antropologia, da Sociologia, os comprometimentos de exames dos resultados ficam dependentes da especificação da área.

Todos os projetos de história oral, principalmente quando tratam de segmentos distribuídos por redes ou categorias de entrevistados, devem ter uma *pergunta de corte* que, afinal, perpassa todas as entrevistas garantindo-lhes uma unidade A *pergunta de corte* funciona como um marcador da narrativa. Derivada da proposta do projeto, relaciona-se com os motivos, os contextos, as razões e as circunstâncias que denotam a comunidade de destino. Escapando-se aos enquadramentos da memória de expressão oral, a pergunta de corte indica elementos identitários, dessemelhanças e diferenças mais agudas do grupo analisado. Tudo depende de como o colaborador responde aos estímulos. Quase sempre a pergunta de corte vem no final da entrevista, mas pode aparecer no início ou em outro momento da interlocução. Um trabalho sobre brasileiros fora do país, por exemplo, deve ter como *pergunta de corte* a questão da própria identidade nacional, estando os colaboradores alhures.

É necessário destacar que os trabalhos de história oral com frequência buscam especificidades de circunstâncias que, de alguma forma, ligam-se às grandes questões como, por exemplo, ao fluxo de nordestinos para o Centro, Sudeste ou Sul do Brasil. Por se tratar de um contingente enorme e histórico, faz-se imperiosa a busca por redução do alcance do coletivo em foco. Qualifica-se, por isso, a *colônia*, ou seja, grupos menores que, pelos padrões gerais da comunidade de destino, podem ser abrangidos pela pesquisa. Assim, no caso dos migrantes nordestinos, pode-se pensar em estreitamento do grupo: por exemplo, recortar um segmento – o masculino. Por isso, o projeto ficaria mais exequível e poderia abordar as experiências masculinas no tal fluxo de nordestinos para o "sul" do Brasil. Mesmo assim, restaria ainda subdivisões que organizariam melhor as direções de entrevistas, como por exemplo, homens casados, homens casados e com filhos, homens solteiros sem família, homens solteiros com família. A virtude maior deste tipo de projeto detalhado é mostrar que não basta a consideração de "migrante", e nem apenas do gênero "masculino", pois é preciso entender as motivações subjetivas de cada linhagem.

> A história oral expressada pela memória é sempre detalhista e, assim, comporta-se na condição de "micro narrativa", com escalonamentos analíticos menores. Cada grupo tem sua gramática sentimental minimamente definida.

Importam, pois, traços preponderantes que ligam a trajetória de pessoas aos grupos amplos. A migração do Nordeste para o sul; os perseguidos políticos por golpes militares; alguns clãs segregados por questões raciais; congregações religiosas. Agremiações de trabalho, comunidades isoladas geograficamente e submetidas ao isolamento cultural são, nessa perspectiva, grupos cujos traços comuns marcam comportamentos amplos que os caracterizam.

Logicamente, seria impossível abordar todos ou mesmo grandes blocos de pessoas de qualquer uma desses contingentes. Como entrevistar a coletividade dos migrantes nordestinos? Como abordar os perseguidos pelo regime militar brasileiro? E os árabes, judeus, japoneses, espalhados pelo mundo? É claro que precisamos ter critérios de escolha e discernimento para selecionar os componentes dessas comunidades amplas. Para isso, após elencar com precisão a colônia que se pretende estudar, torna-se necessário estabelecer o conjunto inicial das redes pretendidas. Colônia e redes são operadores que, em história oral, atendem à exequibilidade dos projetos, assim como à primazia da diferença na análise: as redes garantem abordagens nada monolíticas; tampouco, centradas em perspectivas únicas.

CORPUS DOCUMENTAL

O *corpus* documental – ou simplesmente o conjunto de documentos – é, no caso da história oral, referencial eleito como polo analítico e suporte estrutural. Nesse sentido, é de se distinguir *história oral temática* de *história oral híbrida*. Porque a *história oral temática* é um dos gêneros narrativos elegíveis, e, por sua vez, a *híbrida* demarca outra postura procedimental que permite cruzamentos entre documentos de naturezas distintas. Ressalta-se o uso exclusivo de projetos que trabalham com entrevistas e a postura que mescla outros documentos; ambas as formas ganham significações distintas: em todo caso, a proposta de "hibridização" documental parte da memória de expressão oral para a prospecção dos arquivos e consequente seriação de documentos a serem analisados. Esclarece-se que quaisquer documentos, com diferentes codificações e apresentações, podem ser analisados em conjunto com as entrevistas – cartas, atas, fotografias, escrituras, inquéritos policiais, entre outros.

No caso de *história oral pura*, vale dizer que o processo de elaboração das entrevistas, as gravações por si, constituem-se no objetivo principal do investimento. Depois de efetuados os registros, a análise decorre dos exames manifestos por argumentos das próprias redes de *colaboradores* – a força da palavra é fundamental nesta incursão documental. É então que atua o sentido do *contraditório*, quer seja em história oral híbrida ou em história oral pura. Em um trabalho sobre mulheres agredidas no ambiente doméstico, por exemplo, pode-se contrapor – sem prejuízo à crítica – a rede composta por elas em função do diferencial dado pelos agressores, homens. Eventuais exames que se valham da discussão já firmada em tratados, leis e textos historiográficos podem ser vistos como complemento. A valorização do *contraditório* é essencial para a análise das entrevistas. É o *contraditório* que permite superar a constatação de fatos, e, principalmente no caso de *história oral híbrida* mostrar posições e argumentos analisáveis decorrentes do comportamento dos colaboradores que pode ser colocado em perspectiva de diálogo com a historiografia.

> A história oral pura reconhece a plenitude de um *corpus documental* constituído por entrevistas. Na história oral híbrida, as entrevistas são centrais e indicadoras dos caminhos a serem percorridos na prospecção de arquivos. O entrecruzamento de entrevistas com documentos diversos pressupõe o cuidado e a seriação da documentação regular.

Trabalhos que escolhem procedimentos que valorizam sobremaneira as entrevistas – gravadas ou filmadas – remetem, com frequência, à aplicação da *história oral como metodologia*, pois os encaminhamentos visam dar realce às ações no campo da *memória de expressão oral*, ainda que fortemente relacionados às disciplinas eleitas como propulsoras de soluções. O que mais interessa é a constituição de um discurso que carregue o debate em manifestações percebidas pelos colaboradores.

No caso da *história oral temática*, o que se preza é a inscrição das manifestações dos colaboradores em vista de pressupostos já firmados em outros gêneros de estudos ou registros. Nessa circunstância, em vez de se pensar na exclusividade do uso de entrevistas, as narrativas são consideradas em seu sentido contestador (ou afirmativo!) de algo aferido por outros recursos. Ainda assim, a *história oral temática* arrasta consigo a força do tema e, sem prejuízo à proposta, limita as explicações amplas contidas no gênero narrativo conhecido como história oral de vida.

Convém ressaltar que existem situações de usos indiscriminados de trechos das entrevistas em trabalhos que compõem outros processos de estudo que, contudo, não necessariamente são de história oral. Tais processos de estudo operam em seus respectivos campos de especificidades. Pois a história oral requer, conforme se sabe, encaminhamentos característicos que superem o simples cotejamento dos trechos de entrevistas e requer, ainda, partir das entrevistas como gesto valorativo do empírico: mesmo em um *corpus* documental híbrido, a estrutura, a sustentação central dos argumentos e o cerne da pesquisa está no conjunto de entrevistas materializado.

HIPÓTESE DE TRABALHO

Escolhido o tema de estudo, justificado seu papel e relevância, procedidas as explicações que amparam o assunto frente à existência de uma realidade historiográfica, seja para suprir deficiências ou para corrigir interpretações derivadas de outros tipos documentais, arma-se uma ou várias hipóteses de trabalho que promovam o questionamento apropriado para motivar e dar sentido ao trabalho com as entrevistas. A(s) *hipótese(s)* servem, então, como indícios e não como premissas necessariamente comprováveis.

> Em história oral as *hipóteses* são assumidamente provisórias. Por se tratar de *documentação viva*, as *hipóteses* são postas no campo das suspeitas ou possibilidades. Assim, as hipóteses podem evoluir com o andamento do projeto e isto deve constar da "história do projeto".

Evita-se o uso de *hipóteses* como frases acabadas e habilitadas para instrução de argumentos definidos mesmo antes do projeto ser começado. As hipóteses são passíveis de modificações no transcurso do projeto, pois as entrevistas lidas e interpretadas conformam de outra maneira as preocupações da pesquisa.

LEITURA COMPLEMENTAR:
Memória de expressão oral: em busca de um estatuto

Além das investidas autônomas – de grupos empresariais, de famílias – sem vínculos acadêmicos, a operação em história oral gera muita discussão sobre seu significado e lugar na produção do conhecimento formal ou acadêmico. Superada a fase de dúvidas ou desconfianças sobre sua validade "científica", os projetos, no campo das humanidades em geral, têm apresentado definições em face de sua qualificação. As discussões perpassam os extremos conceituais: alguns professam a manutenção da história oral como complemento e outros propugnam a sua independência ou autonomia. Reconhecidamente, o tema ainda aquece debates, chegando-se, portanto, a propô-la estatutariamente como disciplina com objeto (com estudos da memória de expressão oral) e fundamentos teóricos (a partir de métodos e técnicas para se atingir fins). A par de definições epistemológicas em processo, é importante ressaltar a abordagem proposta em cada projeto, bem como o seu enquadramento no conjunto das áreas de estudos formais. Com certeza, no correr do tempo, projetos sobre a memória têm exigido a superação do filtro interdisciplinar – condição que, por sua vez, não esclarece o papel da história oral como produto em si.

Há os que consideram a história oral como legítima e imediata tradução da memória, e, nesse caso, sua mera expressão verbal transformada em texto escrito seria matéria suficiente para exames. O escrito vertido em entrevista valeria, ele próprio, como fundamento para análises acabadas. Essa consideração, no entanto, pode ser bifurcada em dois lances: um prezando somente a história/entrevista e, outra, seu cruzamento derivado de *redes – história oral pura* ou *plena*. Na ponta oposta, muitos a reduzem à condição de diálogo com produtos historiográficos ou séries documentais – *história oral híbrida*. Por uma ou outra via, sempre volta o desconforto contido no enunciado da expressão "história oral". Não se remetendo necessariamente a historiadores de ofício, aos profissionais da História, o reconhecimento como "historiadores orais" exala insatisfações e isso tem perturbado antropólogos, sociólogos, psicólogos e demais segmentos que trabalham com entrevistas planejadas. O limite nesses casos ocorre, pois, por meio de definição da produção da história oral e sua aplicação acadêmica.

> Muitos consideram o uso das entrevistas como recurso complementar, intermitente, sem destaques significativos, independente de vínculos teóricos. Isso, porém, não basta para outros que prezam esse recurso como alternativa implicada nos fundamentos epistemológicos.

Os debates mais atuais inscrevem a história oral no quadro dos estudos da memória. Nesse sentido, a transformação do código oral emitido por meio de entrevistas provocadas equivaleria à transcriação dos enunciados ou criação paralela. A memória, objeto de exame, cumpriria a função de repositório seletivo do que pode ser guardado como uma usina onde se represam e processam os fenômenos a serem expostos pela expressão oral; depois, em sua versão escrita. Uma ou outra forma expressiva dimensiona códigos diferentes.

A trajetória sobre o "lugar" da memória de expressão oral tem fomentado posicionamentos que merecem ser vistos pela crescente reputação da matéria. De início, desde o fim da

Segunda Guerra Mundial, principalmente nos anos de 1950, quando entrevistas começaram a ganhar destaque como instrução de argumentos, ou como peso narrativo próprio, seu perfil era aparentemente informal, mera ferramenta ou técnica. Por esse tempo, notadamente nos Estados Unidos, com destaque em Nova York, o rádio assumia papel preponderante na formulação da opinião pública. A recepção de casos veiculados por ondas radiofônicas sensibilizava a audiência que, também pelos efeitos do cinema, ampliava o sentido das histórias pessoais e, em particular, dos dramas. Esse acolhimento, aliás, marcou pela sensibilidade o sentido de história pública veiculado pelas narrativas. Na dinâmica daquele tempo, mesmo ainda sem se constituir em objeto específico de pesquisa, as entrevistas já permitiam considerar a história oral da maneira como a ela se referiu Louis Starr, um dos seus fundadores: "Mais do que ferramenta, e menos do que uma disciplina". Estava dada a largada para ajustes classificatórios que até hoje carecem de precisão. Logo de início, as palavras extraídas de discursos valiam como complemento, ilustrações de casos ou fabulações gerais que bastavam. Então, sem força narrativa própria, tanto se equiparavam citações ou histórias contadas aos dados estatísticos, recortes historiográficos ou conteúdos descritivos ditos de antemão. Tudo tinha – em todas as formas de expressões ou códigos – um peso neutro de complemento argumentativo.

Pode-se dizer que o ponto determinante das transformações se deu a partir do instante em que os debates sobre os critérios de elaboração dos documentos escritos se fizeram motivos específicos de estudos afinados com as indicações de novas potencialidades. Dizendo de outra forma, foi exatamente quando a opinião pública reconheceu que as histórias narradas tinham possibilidades de se tornarem fundamentos para a reflexão coletiva que ocorreu o desafio de seu registro. A passagem das narrativas orais para o escrito foi crucial para a consideração documental. Nesse sentido, é curioso notar que mesmo agora existem pessoas que ainda se valem das citações de entrevistas como ferramenta. Um passo mais consequente na consideração da história oral leva a percebê-la como técnica, condição que implica colocá-la em diálogo com abordagens anteriores que são garantidas pela preexistência de documentos ou mesmo de uma historiografia a ser contestada ou complementada.

> De regra, a aplicação da história oral como técnica permite acessar aspectos ou temas de maneira a produzir efeito no andamento analítico causal, regido por intenções que provocam resultados lógicos no circuito reflexivo.

No uso da documentação como técnica, considera-se a argumentação advinda das entrevistas como motivadora de debate em âmbito maior – externo a ela própria – como se fosse uma nova versão dos fatos, algo capaz de provocar diálogos desejáveis contra o estabelecido e oficializado pelo acatamento das formulações escritas. As entrevistas vertidas para o papel seriam, portanto, dependentes dos eixos temáticos preestabelecidos, os quais são decorrentes da documentação escrita e com ela deveriam manter um diálogo alternativo. É importante reconhecer que o peso dado às narrativas orais coletadas é relativizado em função da documentação central à qual se opõem com argumentos.

No caso do uso das entrevistas como técnica em história oral, primeiro se deve considerar o exame do repertório escrito existente. Imaginando um estudo sobre o impacto de evento como a Marcha da Família com Deus pela Liberdade, no limiar da instalação da ditadura militar de 1964, em primeiro lance seria procedido um exame atento sobre o que existe escrito sobre o assunto, e, então, seriam considerados os jornais de época e as demais informações ou análises existentes. As entrevistas seriam maneiras de verificação do potencial contrário às "certezas" apreendidas a partir do que foi escrito. Na fase de entrevistas, seria verificado como as pessoas se comportaram nesse processo. Porque se suspeita que a participação popular fosse diferente do que se tem estabelecido, são justificadas as entrevistas que, por sua vez, devem permitir outras reflexões.

Fugindo-se do senso comum que entende método ou metodologia como procedimento operacional corriqueiro, mais ou menos inerentes aos exames acadêmicos, pretende-se valorizar a metodologia como procedimento consequente organizado de investigação, de comprometimento doutrinário e filosófico, orientado para a obtenção de resultados a partir de um núcleo documental específico.

> Como *método*, a história oral se ergue segundo pressupostos que privilegiam as entrevistas como motivo central dos estudos. Trata-se, em outras palavras, de prezar as entrevistas como ponto central das análises.

Para serem valorizadas como solução operacional, quem se vale das entrevistas segundo esse critério centra atenção – desde o estabelecimento do projeto – nas formas específicas de elaboração das versões. Cuidados especiais devem ser delegados ao processamento das entrevistas na passagem do oral para o escrito. No caso de uso metodológico, as entrevistas se constituirão em um núcleo central da investigação e deverão ser avaliadas separadamente, com destaque. É desse conjunto documental privilegiado, das entrevistas, que se extraem os problemas a serem selecionados em eventual diálogo com outras fontes e argumentos já estabelecidos. Para ganharem condições metodológicas, as entrevistas precisam ser consideradas como centro ou motivação principal dos projetos.

A valorização crescente da história oral como disciplina tem sido evidenciada por meio da fundamentação específica de seu "objeto": a memória. Neste caso, a *memória de expressão oral* passa a ser o campo de atuação da história oral, que não procura em sua independência a autossuficiência, mas o diálogo com outras disciplinas, conhecimentos, saberes e expressões subjetivas. O entendimento das armações argumentativas no campo subjetivo, pessoal e coletivo, constitui-se, nesse caso, em matéria definida, claro e dotado como "objeto de pesquisa" que é habilitado aos procedimentos operacionais esclarecedores de sua razão de ser.

GÊNEROS NARRATIVOS EM HISTÓRIA ORAL

*A palavra é metade de quem a pronuncia
e metade de quem a ouve.*

Michel Eyquem de Montaigne

Sendo que as gravações se constituem parte do projeto, para sua boa execução sugere-se especial atenção às indicações dos diversos gêneros narrativos que compõem a história oral. A escolha do tipo de história oral desejada implica procedimentos específicos que se distinguem uns dos outros. As escolhas referidas precisam ser explicadas e justificadas no projeto de pesquisa.

Um caminho é partir das narrativas de vida e incursionar, por meio dos textos produzidos, no campo existencial da *memória de expressão oral* (*história oral de vida*). Outro, diferente, é tematizar desde a memória narrativa e intersecionar estudos na medida da *história oral aplicada* (*história oral temática*), ou, por seu turno, perceber como os desarranjos causados por episódios traumáticos afetam parcial ou integralmente as comunidades estudadas (*história oral testemunhal*). Alternativa para quem estuda as comunidades indígenas e quilombolas, entre outras, é perceber como a oralidade estrutura tradições legadas de forma transgeracional e mantém núcleos identitários subsumidos ao longo do tempo (*tradição oral*).

Ressalta-se que, durante a realização do projeto de pesquisa, podem ocorrer cruzamentos entre os diferentes gêneros narrativos destacados em espécies. O pesquisador precisa redobrar a atenção às espécies que figuram únicas ou nas que se apresentam mistas, portanto.

Com Leitura Complementar "Oralidade, credibilidade, tradição", procura-se conduzir à reflexão sobre aspectos delicados diante dos quais os oralistas são convidados a se posicionarem, sobretudo no que se refere às múltiplas tradições ouvidas ou vivenciadas e à "credibilidade" da transmissão oral.

ESPÉCIES EM HISTÓRIA ORAL

Se memória é um gênero, a história oral em suas diferentes formas é espécie ramificada. Espécies remetem mais à natureza do que a tipos idealizados que determinam categorias intransponíveis. A *memória de expressão oral* se manifesta, nesse caso, por diálogos planejados e gravados na chave da história oral. Os dois suportes mais usuais são gravadores de voz (áudio) e/ou visuais e sonoros (como câmeras filmadoras). A escolha do suporte é importante, pois implica conduções diversas com variáveis definidas. Uma situação de fala exclusiva em áudio não acarreta cuidados com luz apropriada, movimentação ou edição da imagem do entrevistado. Diferente quando o posicionamento físico dos colaboradores fica comprometido com o foco fixo da câmera e com a preocupação de bom resultado visual em conjugação com os efeitos sonoros. Há vantagens em uma ou outra forma de condução dos projetos, mas sugere-se o mesmo procedimento para todas as entrevistas do conjunto. Mudanças nos tratamentos das entrevistas implicam diversificações dos procedimentos gerais, fatores esses que atingem os usos e os resultados da proposta.

A mais séria consequência da operação em um ou outro suporte remete ao *processo transcriativo*. No caso das entrevistas que contenham apenas vozes, a liberdade *transcriativa*, ou de interferência no texto de entrevista, é bem mais ampla porque permite a atuação mais direta dos condutores que devem cuidar das finalizações do processo. Por seu turno, a gravação e o uso de imagens contribuem de outra forma para com o *processo transcriativo*, pois permitem assistir às performances completas – com vantagens para a interpretação da gestualidade. Assim se provoca entendimentos que às vezes transparecem pelas imagens, mas que não são expressas nas gravações exclusivas, feitas com áudios (lágrimas ou risos, por exemplo). Com filmes ou vídeos, os cuidados das transcrições podem se aproximar – sem se confundir – das edições jornalísticas, o que demanda mais mudanças de "lugares das falas", embora nem sempre dispensando referências a risos, silêncios, mudanças abruptas de assunto e embargos emocionais. Nesse sentido, o editor escolhe entre as imagens e os sons – interferindo na temporalidade e no curso narrativo mesmo antes do processo transcriativo. Tudo deve ser explicitado na introdução do trabalho, ou seja, na denominada *história do projeto*.

Convém lembrar que o conceito de entrevistas isoladas ou independentes de projetos específicos não esgota a noção de história oral. É importante, no entanto, ter claro que existem ramos de entrevistas que pedem procedimentos peculiares, cada um com critérios próprios de condução. É ingênuo supor que há entrevistadores natos. Não, cada gênero narrativo requer treinamento específico e cuidados próprios que consideram, inclusive, as condições físicas e psicológicas dos colaboradores. Basicamente são quatro os grandes campos de entrevistas e cada um tem seu próprio meio de produção:

1. História oral de vida;
2. História oral temática;
3. História oral testemunhal;
4. Tradição oral.

HISTÓRIA ORAL DE VIDA

História oral de vida é um gênero narrativo bastante praticado e destinado à recepção mais aberta, acadêmica ou não. Existem casos excepcionais em que uma só entrevista basta para o projeto, mas na maioria das vezes os conjuntos de entrevistas são propostas para exames de coletivos. Dos maiores desafios para a boa resolução em história oral de vida dizem respeito ao tempo de duração da gravação, e isso no caso de entrevistas com um só colaborador deve ser levado a sério. No caso de entrevistas exclusivas com uma só pessoa, recomendam-se vários encontros e de preferência espaçados. Algo parecido se pode afirmar da quantidade de encontros em projetos que envolvem muitos participantes. Uma questão é certa: *toda história oral* de vida demanda tempo e empatia. Não se deve pensar em *história oral de vida* com entrevistas curtas, ou tão somente pinçadas para eventuais análises. Assim, encontros repetidos têm possibilidades de resoluções mais completas. Pensando na *memória de expressão oral*, as gravações tendem a combinar aspectos da experiência pessoal com interpretações dos colaboradores que podem ter oportunidades para exposições subjetivas.

Por ser de captação verbal, a *história oral de vida* distingue-se das habituais biografias que são feitas sempre sob lógicas alheias aos narradores. Triadas pela mecânica da escrita e fundamentadas por escolhas quase sempre distantes do biografado, as biografias cumprem o dever de exaltar a excepcionalidade dos personagens. É comum, pois, nas biografias, o domínio da condução que obedece a interesses externos ou de interesse dos consumidores, mesmo em se tratando das convencionais "biografias autorizadas". No caso da *história oral de vida*, deve-se oferecer a chance de condução argumentativa para o convidado, que, cada vez mais, pode ser protagonista da própria narrativa e atuar como colaborador. É por isso que são valorizados os *estímulos*; em vez de perguntas diretas, eles apresentam-se como ideal do diálogo.

Entende-se *estímulos* como um conjunto amplo de questões que se abrem para que o colaborador exerça seu papel de narrador, dono da própria história. Os estímulos favorecem as escolhas e isso é vital para os trabalhos de memória. Porque a memória é seletiva, em vez de se provocar respostas objetivas, diretas e imediatas, recomenda-se um espectro grande de questões que permitam as tais escolhas dos narradores. Do contrário, com perguntas e respostas, o que se tem são diretivas que mais dizem de quem comanda o projeto do que propriamente de quem se presta a contar a experiência vivida e retida na memória.

Além disso, não se confunde *história oral de vida* com biografia porque, não obstante a participação direta dos narradores, tem-se claro que as percepções pessoais, recriadas a partir da memória, são caminhos interessantes e almejados. No caso das biografias convencionais, os fundamentos são baseados na combinação de descrições da linha vivencial com várias outras fontes de referência ou de comprovação. Ao contrário da oralidade expressa na história oral de vida, a fala emitida é marcada pela sequência encadeada pelos emissores; por isso, eles mesmos decidem sobre a relevância e a ordem das enunciações. *História oral de vida*, portanto, apoia-se na memória dos emitentes e obedece a comandos derivados de decisões pessoais – daí o nome "*história oral de vida*" – e versa sobre aspectos selecionados da experiência dos colaboradores que decidem as soluções de suas narrativas; tudo é feito quando os interlocutores escolhem passados e prescindem lembranças ao relegá-las às margens da memória por meio do esquecimento. Fala-se de um tipo de narração com começo, meio e fim, onde os momentos extremos – origem e atualidade – tendem a dimensionar os fundamentos da explicação conveniente ao narrador. Nessa linha, desde logo, a possibilidade condutiva do colaborador merece cuidados a fim de produzir liberdade na autoconstrução discursiva. De modo geral, as gravações de história oral de vida se fazem no amplo conceito de entrevistas abertas, isto é, sem maiores interferências dos entrevistadores. O fundamento para tal procedimento decorre do trabalho com a memória, pois questionários impedem a livre expressão do enunciador, enquadram a expressão mnêmica e acarretam interrupções na construção da autoimagem do entrevistado.

> *História oral de vida*, portanto, não é biografia no mesmo sentido dos textos produzidos segundo a expressão escrita, fundamentada em pesquisas gerais e com resultado passível de várias modificações feitas por terceiros. A biografia é essencialmente marcada por fatos notáveis ou notabilizados da vida do entrevistado e, sempre, apoiada em outros suportes que não a memória de expressão oral.

Como no caso da *história oral de vida*, a memória e as circunstâncias narrativas podem não obedecer às sequências factuais; a entrevista ganha, por conseguinte, foros de construção poética ou literária. Isso, contudo, sem se confundir com os protocolos da literatura como campo ficcional. Fundamenta-se esse recurso na valorização do receptor como ser inteligente, capaz de formular juízos. O importante, então, é situar o colaborador emitente na perspectiva dos leitores. Exatamente para garantir essas dimensões, recomenda-se, o mais possível, certa prática de entrevistas *livres* ou *abertas*. Considera-se a espontaneidade acima de eventuais enrijecimentos. Deve-se, com base no exposto, evitar a condução de entrevistas por meio de perguntas *fechadas* ou *diretivas* em entrevistas de *história oral de vida*.

As vantagens de entrevistas *livres* estão principalmente na percepção da evolução ou digressão narrativa e subjetiva do emissor sem a interrupção de perguntas, de respostas. Questões *abertas* propiciam outras sensibilidades nas texturas do conjunto. Com essa postura, permite-se entradas em territórios de difícil acesso, como: vida privada, construção de afetos pessoais e coletivos, segredos, sonhos, visões subjetivas, reações do particular no conjunto de opiniões gerais.

É razoável conceber que, antes dos gravadores ou filmadoras, a *história de vida* já se apresentava como recurso usado por antropólogos e sociólogos, mas sempre elaborada segundo os procedimentos tradicionais derivados dos documentos escritos e da cadência concatenada dos fatos experimentados. Valendo-se de cartas, diários, fotografias, enfim, dos chamados "documentos do eu", a "velha" *história de vida* se posicionava como decorrência das fontes convencionais. Por isso, vale lembrar de que em *história oral de vida* não cabem "ilusões biográficas", "traços" e sequer se valida o uso simples da palavra "memória". Biografia, como gênero narrativo tem critérios próprios e *história oral de vida*, também, mas ainda que se aproximem, obedecem a procedimentos distintos. Trata-se, em *história oral de vida* de construção de conhecimento sobre uma pessoa ou grupo de outra natureza. Dessa forma, mais do que a estabilidade do fato histórico, na *história oral de vida* estima-se a experiência como valorização dos filtros subjetivos, das impressões pessoais. A *experiência* em sentido amplo deve ser o motivo *das histórias orais de vida* porque, de outra forma, não se busca a factualidade estrita e, sim, a versão sobre o moral, ou autoelaborada, existencial. Os fatos são cadeias subjetivas sempre reelaboradas na memória, com dinâmicas alternantes e intercambiáveis: tais alternâncias oscilam sem, contudo, abdicarem de eixos de acontecimentos atestados com as variáveis da memória coletiva.

Ressalta-se que – nas entrevistas de *história oral de vida* – ainda que sendo o fator cronológico ou sequencial o mais usado, existem escolhas a serem realizadas. Há casos em que os *colaboradores* preferem contar a própria história segundo outros critérios como etapas que transcorreram a partir de uma sequência surpreendente na valorização do inesperado. Cientistas que trabalham com experiências de laboratórios, por exemplo, ao narrarem os resultados de suas pesquisas sempre pautam a própria narrativa segundo os resultados conseguidos. Ainda que esta seja uma solução temporal, não é o tempo cronológico que marca a sequência expositiva. Grupos analfabetos ou isolados dos segmentos que se veem historicamente como a "essência do mundo capitalista" desenvolvem outras soluções narrativas em função do tempo. Em muitos casos, a variação acontece pela substituição da ideia de sequência dos acontecimentos por meio da opção de assuntos marcantes da própria vida dos narradores. Nesse caso, não se faz obrigatória a ordem cronológica dos acontecimentos e, sim, a valorização subjetiva de detalhes. Nesse sentido, pretende-se afirmar que não existe necessariamente um caminho obediente à continuidade material dos fatos e é por isso que se reconhece na história oral de vida a promessa de uma história do subjetivo. A história oral de vida é sempre um "retrato oficial", uma versão "fabricada", "intencional". Nessa direção, a "verdade", distante de ser negada, reside na versão oferecida pelo narrador, que é soberano para revelar ou ocultar, negar, esquecer, deformar casos e situações.

Pelo encaminhamento mais comum que se adota para a história oral de vida, a periodização da existência do entrevistado é um recurso relativo. Escolhe-se quase sempre pela organização da narrativa acima de fatos que serão considerados em contextos vivenciais subjetivos. A personalização do enquadramento da narrativa deve valorizar os vetores que indicam a história do indivíduo como centro das atenções. A fim de evitar o que pode ser reconhecido como "especulação condutora", resta a alternativa dos grandes blocos de estímulos que, contudo, podem ser divididos em três, quatro e até cinco partes. Quanto menos o entrevistador falar, de regra, melhor. Trabalha-se com a percepção do "protagonismo narrativo" do colaborador. A participação do entrevistador deve ser sempre estimuladora, discreta e jamais de confronto, seja qual for a intenção do projeto.

Há basicamente, duas posturas identificadas em entrevistas: a *afirmativa* e a *combativa*. No primeiro caso, recomenda-se o acatamento irrestrito do que for enunciado pelo colaborador. Por variado ou mesmo absurdo que aparentemente seja, o entrevistador deve aceitar o revelado e não se opor ou oferecer alternativas. Entrevistas combativas, por sua vez, implicam confrontos e enfrentamentos. Nesse caso, as questões de empatia e os limites da ética precisam ser calibrados a fim de esclarecimentos. A preferência por entrevistas *afirmativas* é aconselhável, pois se tornam viáveis e até desejadas as equiparações que tem lugar no cotejamento das redes. Nota-se que algumas correntes que defendem posturas *afirmativas* sejam mais eficientes para a expressão de memória. As de confronto, exatamente por serem mais objetivas, prestam-se menos à *história oral de vida*. Outro aspecto a ser considerado no caso das entrevistas de confronto é a dificuldade de transcriação, pois os embates devem ficar explicitados.

A questão da "verdade" neste ramo da história oral depende exclusivamente de quem concede a entrevista. Se o narrador diz, por exemplo, que viu um disco voador, que esteve em outro planeta, que é reencarnação de outra pessoa, não cabe duvidar embora se possa analisar cada parte da entrevista com critérios razoáveis; cabe, por conseguinte, interpretar no conjunto: o que, afinal, essa narrativa quer dizer? Esse tipo de "verdade" produzida constitui um dos eixos de nossa realidade social e, em último caso, não estamos buscando saber se existem (ou não) objetos voadores não identificados ou extraterrestres, mas quais são os sentidos e os significados atribuídos às experiências narradas. O que se quer, então, é entender a forma de organização mnemônica dos colaboradores, suas variáveis, interpretações, fantasias e devaneios. Em particular os projetos que trabalham com temas ou vidas de religiosos, esotéricos ou místicos, têm que, por princípio, respeitar a exposição do outro ao observar os valores e a visão de mundo das pessoas. Evidentemente, isso tem implicações éticas que merecem cuidados em relação à disponibilização dessas experiências.

HISTÓRIA ORAL TEMÁTICA

Como gênero ou modo narrativo derivado da matriz *história oral*, a *história oral temática* é a manifestação da oralidade que mais se aproxima das soluções propostas pela disciplina História, e há mesmo quem se iluda confundindo uma situação com outra, como se a *história oral temática* fosse a própria disciplina História. Um dos equívocos mais comuns é devido à aparência mecânica entre a História e *entrevistas tematizadas* segundo assuntos históricos. Nesta senda, a História acadêmica, como se sabe, é feita com documentos produzidos anteriormente, arquivados e qualificados como tal; documentos que quererem seriações, críticas, rigores técnicos. A *história oral temática*, mesmo quando lança mão de entrevistas elaboradas por outras pessoas, estabelece diferenças fundamentais porque parte da oralidade e se expressa como dimensão da memória enunciada verbalmente.

O primeiro item a ser mencionado na reflexão sobre *história oral temática* remete ao procedimento operacional de sua aquisição. A História disciplina deriva de levantamento prévio da documentação, da referida seriação classificatória dos apoios documentais, da determinação de uma problemática ou das hipóteses de trabalho e, é claro, dos critérios metodológicos; tudo permeado pelo exame historiográfico e demais posturas consagradas. A história oral temática tem sempre um assunto central a ser focalizado e trabalha com versões interpretativas organizadas por redes de colaboradores. A produção de documentos decorrentes de entrevistas pode ser aliada aos apoios dos demais fundamentos escritos, mas, se vista em sua singularidade, consagra-se sempre matéria ligada à memória de expressão oral.

> A história oral temática é, dos gêneros narrativos em história oral, a forma que mais se presta às análises que confrontam opiniões ou vistas diferentes de um mesmo ponto ou assunto.

Por lógico, a história oral temática é de um dos componentes dos gêneros narrativos que demandam mais informações sobre os assuntos abordados, mas, ainda assim, não consegue anular de todo a subjetividade inerente aos atos expressivos da memória. Pelo reverso, a história oral temática é um contributo de subjetividade oferecido para os temas de relevância historiográfica ou de outras áreas do conhecimento formal. O que se busca no caso da história oral temática é iluminar aspectos polêmicos ou dúbios, filtrados pelo frescor da fala. Outra perspectiva a ser notada remete à produção de um documento provocado por diálogos. Essa característica é fundamental, pois, no transcurso da conversa, argumentos complementares ou de oposição ganham ênfases que justificam a gravação e suas eventuais análises. Uma consequência prática e diferenciadora da história oral de vida remete à *limitação transcriativa*, porque, nesse caso, os ajustes de entendimentos são dados pelas possibilidades de respeito aos diálogos.

> A carga de subjetividade em história oral é amainada por perguntas temáticas muito mais diretas e objetivas, mas, por mais que sejam evitadas, as marcas da subjetividade não se apagam. Pelo contrário, a subjetividade que decorre pelas perguntas e respostas faz exceder posturas simples de objetivação.

Existem aqueles que não reconhecem a autonomia da história oral temática. Para os tais, ela é quase sempre usada como técnica, pois articula, na maioria das vezes, os diálogos com outros documentos. Vista de maneira rebaixada, a história oral temática – para quantos não respeitem sua isonomia – é mais uma ferramenta que, no máximo, integra a condição de técnica operacional. Valendo-se do produto da entrevista como se fosse outro documento, para quem não considera a individualidade das entrevistas dialogadas como ramo da história oral, a história oral temática é apenas um recurso a mais e, portanto, compatível com a necessidade de busca de esclarecimentos.

De toda forma, o grau de atuação do entrevistador como condutor dos trabalhos fica explícito e sujeito às regras mais exigentes do que seria no caso de entrevistas feitas fora dos moldes de história oral. Mesmo assim, torna-se equivocado considerar o colaborador como mero informante no sentido superado do termo. Por partir de ato premeditado, e previamente acordado para gravação, a *história oral temática* se compromete com o esclarecimento ou opinião do entrevistador sobre algum evento definido e selecionado como alvo. Ainda assim, a *história oral temática* evidentemente não se confunde com a prática jornalística ou publicitária. Uma das diferenças mais sérias remete às intenções de uso das entrevistas e às suas consequências. O tempo da recolha, preparo, assim como o objetivo da recolha atua igualmente de maneira decisiva e ética. Jornalista faz entrevista para um fim, oralista para outro. O mesmo se diz de psicólogos, antropólogos, sociólogos ou mesmo do público em geral. Significa que uma entrevista de história oral temática é característica, tendo como fundamento a interação entre oralista e colaborador para produção qualitativa de presenças que, ao cabo, requerem maior prazo de tratamento.

Torna-se fundamental considerar que a história oral é sempre narrativa de variante do fato dúbio que comporta versões de quem presenciou um acontecimento ou que, pelo menos, dele tenha alguma alternativa que seja discutível ou passível de contestação. Como a "verdade objetiva" é um elemento exposto à verificação, o entrevistador pode e até deve provocar opiniões contrárias e discuti-las com o emissor com fins de elucidação de uma versão que é contestável. Não se trata apenas de ouvir "o outro lado da questão" e, sim, de formular argumentos consequentes que serão aliados a outros com finalidade de instruir os repositórios de memória. Dado ao caráter específico da história oral temática, alguns detalhes da história pessoal do narrador apenas interessam na medida em que revelam aspectos úteis à instrução dos assuntos centrais.

> Nas entrevistas de *história oral temática*, aspectos complementares da situação contextual do colaborador devem ser considerados, principalmente o tempo decorrido do fato abordado e o presente. Tudo sem perder o escopo do projeto que justifica a entrevista gravada.

O fundamento da história oral temática, contudo, não é a versão da pessoa sobre sua própria experiência, e sim a respeito de um conjunto factual previamente apontado. Por isso, a história oral temática admite o uso de roteiros ou questionários – indutivos ou dedutivos, "abertos" ou "fechados" – e, além disso, esses guias tornam-se peças fundamentais para a aquisição dos detalhes procurados. Deve-se evitar o fechamento absoluto das perguntas e a interrupção abrupta das respostas.

Há casos em que o colaborador solicita com antecedência o questionário e situações em que isso não acontece. Não há problemas em se fornecer a lista de perguntas ao narrador, ainda que seja preservado o espaço para perguntas surpresas e/ou decorrentes da lógica narrativa do colaborador. Deve-se, na medida do possível, proceder da mesma forma com todos os envolvidos no mesmo projeto. Os questionários podem ser *diretos* e *indutivos* ou *indiretos* e *dedutivos*. No primeiro caso, a entrevista deve se ater ao fato em causa e a sessão será breve. No segundo, marcado sempre por maior complexidade, as questões buscadas devem ser contextualizadas e precisam seguir uma ordem de importância capaz de inscrever os tópicos principais das análises do narrador.

Existem projetos de *história oral temática* em que se mesclam, em doses medidas, lances de história oral de vida sem que, contudo, sejam desprezados os fundamentos centrais da entrevista com foco em um assunto. Nesses casos, o que se busca é a contextualização de informações do colaborador em equiparação com as informações convenientes ao projeto. Essa forma de história oral tem sido aceita porque explica pontos vivenciados, os quais são capazes de valorizar a informação com maior vivacidade e sugerem características do narrador. Os resultados dos questionários quase sempre devem manter as perguntas na solução escrita, pois estas refletem a construção do encontro.

> As transcriações em história oral temática são mais limitadas e muitas vezes se restringem a corrigir repetições, mudanças estratégicas de parágrafos e complementação de frases interrompidas ou confusas.

Vejamos um exemplo em situações de projetos definidos. Uma possibilidade recomenda começar pela pergunta mais importante. Suponhamos, no caso, que o estudo queira avaliar a participação pessoal e o impacto social imediato de um manifestante em ato político, em particular porque resultou em detenção de seus participantes. Sugere-se, pois, o seguinte roteiro, apresentado ao colaborador após explicações sobre o projeto:

1. *Em que contexto geral se montou a manifestação?*
2. *Quais as reinvindicações do grupo?*
3. *Quais as etapas de organização do ato?*
4. *Como se deu sua adesão no movimento e quais foram suas funções?*
5. *Quais as principais razões de seu engajamento naquele momento?*
6. *Como você se integrou no ato público no dia da manifestação?*
7. *Como foi seu comportamento durante o ato? Foi mudando?*
8. *Que achou do resultado em termos de grupo e pessoal?*
9. *Qual sua avaliação atual dessa manifestação?*
10. *Faria tudo da mesma forma?*
11. *Que lições tirou dessa experiência?*

Como se percebe, existe um lote compacto de perguntas previamente preparadas, mas que devem ser colocadas uma por vez e em obediência às redes previamente indicadas. O planejamento prevê um conjunto de questões interligadas e que podem ser feitas a um número considerável de outras entrevistas; permite-se, pois, analisar com maior especificidade uma situação pontual. O procedimento – indutivo, no caso – procura, a partir do enquadramento específico do tema (a adesão ao movimento), dirigir a pessoa à avaliação dos resultados em esfera particular e em âmbito familiar. No trajeto, o questionário permite acompanhar tanto o envolvimento pessoal quanto a sequência dos fatos.

Há situações em que cabe maior ambientação do problema proposto para análise. Nesse sentido, o questionário deve alargar os horizontes que integram as circunstâncias dos fatos centrais. À guisa de exemplo, convém mostrar que, ao invés de ir direto ao assunto, o entrevistado deve ser motivado por estímulos revelados nas perguntas iniciais, evidenciando a formação (política, por exemplo) e as circunstâncias que levaram o colaborador a determinar sua participação nos acontecimentos públicos (no caso do mesmo exemplo). Por isso, o envolvimento da pessoa, bem como o seu perfil, ficaria mais explícito e a lógica das perguntas permitiria expandir o contexto para maior objetividade analítica.

Vejamos como se pode propor um questionário dedutivo sobre o mesmo tema:

1. *Como era sua participação política antes do movimento?*
2. *Exerceu alguma liderança anterior?*
3. *Houve preparação até que chegasse ao ato?*
4. *Qual a motivação anterior que motivou sua continuidade?*
5. *Qual o momento decisivo para sua atuação no ato em questão?*
6. *Como tem sido seu relacionamento com os companheiros?*
7. *Quais os grandes temas relacionados às causas?*

8. *Como as soluções têm sido encaminhadas?*
9. *Quais as etapas da montagem da manifestação?*
10. *Como se deu sua adesão a ela?*
11. *Faria tudo outra vez?*

Comparando um procedimento (indutivo) com o outro (dedutivo), é possível perceber os efeitos na condução da entrevista.

HISTÓRIA ORAL TESTEMUNHAL

História oral testemunhal é o gênero narrativo que combina aspectos da *história oral de vida e da história oral temática*. Fala-se, pois, de entrecruzamentos e interfaces. Caracterizada por narrativas inscritas nas vivências dos narradores, os teores dramáticos e de consequências graves fazem da história oral testemunhal um gênero narrativo menos contemplativo e mais atuante. A história oral testemunhal mais do que registrar, permite análises tópicas de problemas que questionam e incomodam o bem-estar estabelecido. A soma do resumo da história pessoal, de vida, com a participação de pessoas e segmentos em situação de opressão ou de não reconhecimento de seu papel histórico combina-se entre abordagens de aspectos específicos com impacto social. Por isso, a história oral testemunhal pode se prestar às políticas de compensação e sugere, quando é o caso, ações voltadas ao estabelecimento de políticas públicas renovadoras, reparadoras ou transicionais. A propósito, em situações específicas sobre o direito à memória política de grupos perseguidos, o gênero narrativo de história oral testemunhal se consolidou porque voltado à promoção da escuta de pessoas que sofreram graves violações de direitos humanos ou padeceram de debilidades de saúde, deslocamentos. Tratam-se, pois, de propostas de cunho político e, portanto, de apelo histórico ou social renovadores. Inclinada a atender segmentos em situação de desqualificação social, a história oral testemunhal chama a atenção das pessoas que sofreram traumas ou riscos e que reclamam por condições que as qualifiquem além das situações limite, de opressão ou de risco.

Os motivos justificadores desse gênero narrativo de história oral se relacionam ao sentido imediato das pesquisas com memória de expressão oral. Há forte tendência em se acatar esse gênero narrativo como alternativa justificadora de ações positivas, e, por isso, sua popularidade crescente se explica pela urgência na correção de questões sociais. Nesse sentido, considera-se a necessidade de se tornarem públicos os abusos, as violações de direitos humanos, assim como as condições em que os silêncios – ou a ausência de documentos escritos – se mostram como entraves para o bem-estar social de minorias. Sem ser exatamente a "voz dos vencidos" ou silenciados, esse tipo de história oral se presta aos ativistas e o resultado motiva ações de segmentos identitários. Violência doméstica, abuso de autoridade, opressão étnica, de gênero ou religiosa, por exemplo, são áreas preferentes para projetos em oralidade pós-traumática.

Preside sempre algo de moral nos projetos de história oral testemunhal, porque, nesse tipo de elaboração, estabelecem-se compromissos com o reconhecimento de atrocidades que se dirigem à superação de problemas graves e variados; cuida-se, então, de formular postulados denunciadores de procedimentos acumulados contra desfavorecidos, minorias e questões naturalizadas na vida cotidiana. O vínculo político com propostas ativistas é inerente aos projetos de história oral testemunhal. Da mesma forma, a busca de novo lugar cidadão é meta essencial e prática que caracteriza esse tipo de fundamentação de projetos em história oral.

> É importante ressaltar que não se trata apenas de situações nas quais predomina o silêncio de vozes ou os efeitos da censura. Nem mesmo a carência de documentos restringe a proposta. Trata-se de certo confronto com os perpetradores, o que faz desta espécie de gênero narrativo aderida em projetos uma elaboração intelectiva sob a chancela da combatividade.

Nesse aspecto atua o fundamento desse gênero narrativo que combina a experiência pessoal de eventuais vítimas com o tom de dominação ideológica e cultural. Um bom exemplo é traduzido pela política de cotas ou nas ações afirmativas de negros ao ingressarem no mundo do trabalho ou na vida estudantil/acadêmica. No primeiro caso a meritocracia se apresentaria, de forma injusta e imprecisa, como condição ideal capaz de garantir direitos a todos. Merecem correção, no entanto, as disparidades de formação entre pessoas da elite e pobres, favelados ou periféricos, além de outros cidadãos que não tiveram chances ou oportunidades. A história oral pode atuar no sentido de demonstrar as assimetrias e, ao mesmo tempo, propor soluções de transformação social.

Certa condição prática inerente à *história oral testemunhal* permite a confusão entre o sentido social das propostas com militância. Recentemente, porém, em particular em virtude das campanhas de reparação, de ressarcimento ou de justiça de transição inacabada e insuficiente no Brasil, o panorama tem mudado de forma significativa. Isso se deve às campanhas de direitos civis e da criação de organismos de sonoridade universal, com destaque para os grupos que padeceram perseguições e extermínios, tais como refugiados, exilados e demais pessoas que sofreram confinamentos excludentes. Por isso, os testemunhos se projetam como argumentos combinados com as abordagens temáticas específicas.

Alguns dos mais difundidos estudos sobre história oral respondem diretamente à utilidade desse gênero narrativo, que ocorre, em particular, com vivências de situações onde o preconceito implica a não existência de documentação sobre as vítimas. E não se fala tão somente na atrocidade do Holocausto. O *apartheid* na África do Sul e a "limpeza étnica" em países do Leste Europeu permitem vislumbrar a necessidade de narrativas capazes de projetar a relevância do testemunho, bem como as suas implicações na sociedade contemporânea. O tratamento dado a grupos indígenas, favelados e às pessoas que carregam estigmas sociais – prostitutas, ex-presos, imigrantes de determinadas regiões, crentes religiosos de seitas – está sempre enquadrado nessas manifestações de rejeição. A história oral testemunhal se faz imperiosa em caso de entrevistas com pessoas ou grupos que padeceram torturas, agressões físicas relevantes, ataques, exclusões, marcas que ultrapassam a individualidade.

Por afetar gerações ou interferir no andamento das relações sociais, esses eventos merecem tratamentos especiais e justificam o "trabalho de memória" que ganha condição de dever social. A constância e gravidade dessas ocorrências mostraram que a *história oral de vida* não daria conta da centralidade dos traumas de graves repercussões sociais. Com isso, a centralidade do caso traumático muda o enfoque vivencial e é a magnitude do drama que se torna o núcleo da narrativa. Por essa razão, as entrevistas não podem perder o cerne das consequências de episódios traumáticos. Os demais acontecimentos ou impressões das experiências anteriores compõem apenas um roteiro capaz de instruir a situação da tortura, do confinamento e demais protocolos da segregação. As entrevistas em *história oral testemunhal* não devem, da mesma forma, deslocar o cerne do encontro, que é marcado pela escuta compreensiva de eventos que causaram sofrimentos. Colocando o caso na perspectiva analítica da história oral, verificou-se, com o tempo, a necessidade de procedimentos operacionais específicos que são capazes de caracterizar a barbárie e apontar efeitos ou "políticas de reparação".

Entrevistas com pessoas que padeceram traumas merecem cuidados que vão da atitude moral e ética aos relacionados às abordagens propriamente ditas. Em se falando de ética, é preciso igual cuidado para deixar o narrador à vontade no momento narrativo. Em situações pregressas, as vítimas, em muitos casos, foram forçadas a atitudes inesperadas e constrangedoras; essa condição particular pode ser preservada em favor de causas imperiosas. Existem casos, porém, em que persiste o uso da situação de entrevista como espaço de denúncia – o que é legítimo e deve ser respeitado.

> Questões como segredos, interditos, ocultamentos, temores, devem ser respeitados a fim de se evitar invasão moral de privacidade. É preciso aguçar a sensibilidade e fazer abordagens humanizadas, pois o entrevistado – que não pode ser objeto de violações – também não se constitui como simples "objeto" de pesquisa.

Considerando essas circunstâncias, são valorizados como na primeira parte – na sessão sobre história oral de vida – os *estímulos* em vez de *perguntas objetivas*; na mesma ordem, recomenda-se a colocação de questões amplas, conjuntas, multifacetadas e capazes de dar condições de escolha e livre narração para os colaboradores. Essas atitudes éticas transparecem na condução operacional do projeto e remetem ao andamento ou à cadência das entrevistas. No caso, a proposta antes vislumbrada como história oral de vida serve de chão para os testemunhos que se configuram como segundo momento da entrevista. Lembrando que, na primeira parte, cuidados especiais devem ser tomados a fim de abreviar as narrativas que merecem ser consideradas indicativas do porvir como fatos, impressões, juízos que apontem para a fatalidade específica da situação traumática e pós-traumáticas. A parte temática, por ser mais objetiva, admite perguntas semiestruturadas que devem respeitar o vínculo com a visão de mundo proposta na parte introdutória. Para tanto, a validação da subjetividade se mostra imprescindível, posto serem as esferas afetivas, emotivas e sensíveis responsáveis por não encerrar, na análise, os colaboradores em dada condição autoexplicativa de vítimas: seguramente vitimadas por eventos dramáticos, tais narradores se explicam por complexos maiores e mais loquazes do que categorias ideais, reduzidas, determinantes.

É natural que a história oral testemunhal tenha se desenvolvido com designações variadas, sobretudo na Alemanha. De igual modo, as questões ligadas à África do Sul e Ruanda são motivadoras desse tipo de proposta – apontam caminhos sensíveis e possibilidades de reparação em situações de injustiça. Essa constatação, entretanto, remete ao questionamento do caso brasileiro. Por lógico, as ditaduras políticas arrastam em sua órbita traumas profundos, mas, além disso, outras situações que culturalmente implicam dramas valem como indicação. As secas no Nordeste e as consequentes migrações podem ser qualificadas como motivadoras de traumas. A luta de sujeitos contra injustiças e exclusões históricas, como no caso da longa e dramática escravidão negra, dos indígenas e, mais recentemente do Movimento dos Trabalhadores Sem Terra (MST) e do Movimento dos Trabalhadores Sem Teto (MTST) merece ser enquadrada nesse contexto. Ainda que polêmico, o projeto de ressarcimento da escravidão se coloca em tela de juízo e, na mesma linha, a situação indígena em face da colonialidade, do esbulho dos seus territórios e das agressões sofridas se faz preponderante. Esse debate convida a outro desdobramento da história oral testemunhal: a questão da sincronia de situações traumáticas que ocorrem em tempos diferentes.

Na vida cotidiana, fatos como violência doméstica e, em particular, agressão contra a mulher se caracterizam como motivadores de traumas. É evidente que os números de crimes cometidos contra as mulheres são alarmantes, sintomáticos e indicadores da necessidade de uma história oral que contemple narrativas de sofrimento. Por se darem em unidades isoladas, sem elemento caracterizador e uniforme, por nem sempre constituírem movimentos organizados ou nem sempre implicarem consciência explícita de eventos análogos, essas manifestações não são corriqueiramente vistas como dramas coletivos. Pelo reverso, defende-se, para as vítimas de tais eventos – não raramente sujeitas ao silenciamento –, que sejam ouvidas com ética e devido respeito principalmente depois de episódios traumáticos marcantes. As agressões às mulheres integram o coletivo que justifica a história oral traumática ou a história oral testemunhal, pois, para além dos crimes em si, a história oral pode se perguntar por relações de gênero ao mesmo tempo em que consagra a instrução de políticas públicas. A propriedade da discussão sobre *história oral testemunhal* é, sob todos os aspectos, oportuna, pois, irrestrita às versões da nossa "história incruenta", possibilita retomadas dos compromissos políticos inerentes ao que é a história oral brasileira.

TRADIÇÃO ORAL

Cabe lembrar que a memória transmitida pela fala não favorece exatidões informativas e, por natureza, difere-se das finalidades ou de usos exclusivos de dados quantitativos. Os produtos de entrevistas são sempre de fundo subjetivo e correspondem a uma narrativa constituída pela memória individual ou coletiva.

> A busca do interdito, do que não é expresso de forma oficial, de invenções ilógicas ou subjetivas, é o fundamento das tradições orais.

Nesse sentido, não se pode exigir dessas narrativas a confiabilidade nos detalhes ou o que vulgarmente ficou conhecido como "verdade histórica". A história oral, que não é um meio para ir à cata de documentos fidedignos, evita sair a campo, outrossim, para operar na coleta de um "passado estável". Quando se trata de histórias exprimidas por meio de várias gerações, elementos subjetivos interferem de maneira a fazer essa espécie de narrativa algo específica e, portanto, pouco apta aos apoios historiográficos que buscam no passado compreensões terminadas.

Uma das mais complexas e raras manifestações da história oral é, portanto, a *tradição oral*. Porque trabalha com a transcendência do tempo e, muitas vezes, anula os espaços físicos e porque admite, ainda, a presença das crenças e demais valores de explicações não racionais, a tradição oral é vista como algo menos aceito na comunidade acadêmica. Revelando um grave preconceito acadêmico, a memória de expressão oral tem sido rebaixada como se fosse algo meramente "folclórico", como "coisa do povo" e pouco prezada como matéria de estudos.

> As tradições orais merecem cuidados especiais na atenção dos projetos de expressão da memória, pois remetem à exclusão de aspectos que vigoram nas crenças, fora dos padrões da lógica almejada pela oficialidade da História.

Como narrativa de comunidades que têm valores filtrados por estruturas subjetivas e aliançadas por referências do passado remoto, a tradição oral percebe o indivíduo e o grupo diferentemente da história oral de vida e da história oral temática. Variam, com frequência, os procedimentos de apreensão das narrativas. Sociedades ágrafas são ricos mananciais da *tradição oral*. Não somente elas, porém. Em muitos casos a exposição de um grupo à dominação de outros permite que as tradições dos dominados se adaptem de maneira a criar mecanismos de sobrevivência. Cuidados especiais devem levar em conta que cultura não é objeto tangível e, portanto, não é algo resgatável. Memória – individual ou coletiva – é movimento dinâmico e mutável. Por isso, não se pode falar em "resgate de memória", como se o processo "recordatório" fosse reintegrado de maneira integral no conjunto mnemônico das comunidades. Evita-se da mesma forma a essencialização ou exotização da cultura, principalmente quando se trata de comunidades étnicas. Nesse sentido, faz-se preciso desnaturalizar o uso da "língua pela língua", quando se pesquisa, por exemplo, as mais variadas etnias indígenas. Em favor do entendimento da performance em sentido ampliado, o oralista direciona sua atenção à situação narrativa e ao ambiente da entrevista ou da observação; porque a cultura não é apreendida unicamente pela língua, e, embora tenha na língua uma sólida manifestação, serve-se de elementos analíticos abertos à consideração da linguagem em sentido ampliado. Tais comunidades falam inclusive por meio da língua, embora a memória de expressão oral dialogue com linguagens múltiplas, com aberturas aos rituais, transes, gestos. Valoriza-se, pois, tanto as línguas originárias, quanto outras enunciações verbais e não verbais quando o assunto é memória étnica.

Pode-se argumentar em favor de duas manifestações da tradição oral. A primeira em estado de relativa continuidade a partir de valores próprios, e esta maneira é típica de sociedades que ainda mantêm a originalidade de suas manifestações – no interior da África ou entre os indígenas que se refluem em territórios menos explorados, por exemplo. A segunda é a moderna tradição oral: aquela manifestação que no interior da sociedade capitalista, com uso de avanços tecnológicos, é influenciada pela mídia, por meio da televisão, cinema, música popular ou várias outras manifestações artísticas ou jornalísticas. Um bom exemplo é a referência que se faz à África, no caso brasileiro, notadamente à Angola;

exemplifica-se mostrando que o número de canções que remetem a aspectos da vida angolana é contraste perfeito do ralo número de estudos sobre aquela presença em nossa História. Com isso, tem-se que a *moderna tradição oral* é recuso desafiador, em particular para trabalhos subsumidos pelos recursos modernos nos legados culturais. Tome-se, por exemplo, as lendas orientais, africanas ou indígenas passadas pelo cinema.

Uma manifestação frequente na *tradição oral* ocorre pela busca dos denominados mitos fundadores. Nesse caso, devem-se aplicar as técnicas da recomposição de passado a fim de se produzir documentos capazes de possibilitar um acesso às análises devotadas tanto às explicações internas do grupo, quanto às relações externas. A *tradição oral* pode revelar, além das estruturas e comportamentos do grupo, as noções de passado e presente daquela cultura de temporalidade própria.

Ademais, a tradição oral implica entrevistas com uma ou mais pessoas sem que, para tanto, prescinda-se dos tempos remotos da memória ou de lembranças sobre passados imaginados. Quase sempre em digressão, a *tradição oral* é capaz de vincular vestígios mnêmicos remotos vivenciados por antepassados que procuram embasamento na transmissão intergeracional – de pais para filhos ou de indivíduos para indivíduos.

Há pressupostos organizadores da teoria dos mitos que podem ser considerados ao se elaborar um projeto de tradição oral. Pode-se pensar nos chamados mitos de origem (aparecimento do mundo, da vida, dos seres humanos); referenciais sobre os instintos vitais básicos (reprodução e alimentação); explicações sobre a lógica da História (guerras, pragas, mortes); indicações do destino pessoal (sorte ou não no casamento e nos negócios); explicações sobre o comportamento extraordinário (possessões, acessos). Esses fatores devem ser sempre equiparados aos grandes sistemas de mitos explicativos da História. Isso faz com que o investigador, obrigatoriamente, tenha conhecimentos maiores com a intenção de oferecer comparações que mostrem a coerência entre as linhas interpretativas da humanidade. Eis alguns exemplos de sugestões mitológicas que servem de princípios recorrentes para diversos grupos: terra prometida; terra sem mal; povo escolhido; paraíso; princípio original; defesa heroica; eterno retorno; a vitória do bem contra o mal; a volta do messias; a voz divina. A potencialidade dos mitos antigos filtrados pela modernidade pode ser fonte exuberante para se pensar as tradições ou suas formas de reinvenção no mundo digital.

O calendário, os rituais de passagens, as festividades, as cerimônias cíclicas, as motivações abstratas de tragédias eventuais e doenças endêmicas ou epidêmicas, são matéria da *tradição oral*. Nesse tipo de pesquisa, o sujeito é sempre mais coletivo, menos individual, e, por isso, a carga da tradição comunitária é mais estimada e presente porque continuada.

Ainda que seja comum o uso da tradição oral em grupos fechados, como "tribos" ou clãs que resistem à chamada modernização – inclusive porque são sujeitos com garantias e direitos previstos em constituições ou normas –, é possível fazer trabalhos de tradição oral nas sociedades urbanas, industriais e em ambientes pós-industriais onde a resistência aos padrões dominantes exige ritualizações de práticas ancestrais.

> Mesmo em sociedades modernas, regidas por máquinas e algoritmos, existem casos em que a reserva mítica aflora como recurso explicativo.

Estudos de bairros, cidades ou mesmo regiões eventualmente evocam situações interessantes. Um exemplo desse comportamento e que se enquadra na moderna tradição oral pode ser aferido na percepção dos moradores do bairro da Urca, no Rio de Janeiro. Aquela comunidade se explica pela conjugação de três mitos principais: paraíso; lugar ideal pela paisagem e qualidade de vida; princípio original ou matriz – lócus onde tudo teria começado e, no caso do Rio de Janeiro, lugar de nascimento da cidade, da primeira rua, primeira fortaleza, defesa heroica – elemento capaz de explicar as fortificações e presença de nove instituições militares. Esse conjunto formula uma visão positiva da comunidade que se vê, inclusive, diferente, melhor, mais privilegiada, do que resto do conjunto carioca ou brasileiro.

Os resultados de trabalhos de *tradição oral* geralmente são ainda menos imediatos do que os demais. Porque requer participação constante e observações intensas, assim como de acompanhamento atento que sempre extrapola o nível da entrevista, a tradição oral é de execução mais lenta e exige conhecimentos profundos tanto da situação específica investigada como do conjunto mitológico no qual a comunidade organiza sua visão de mundo. Um conjunto de mitos ajuda o estabelecimento de pressupostos abertos à construção dos documentos e à análise das tradições orais. Princípios mitológicos orientam a percepção popular sobre o fundamento e o destino de comunidades.

> A transmissão oral feita em família ou comunidades de afeto é sempre possibilidade de pensar as relações definidas pelas regras não escritas. O mesmo se diz do respeito aos mais velhos, aos indivíduos que se qualificam como "reserva de memória" – tipos existentes em todos os segmentos e bem quistos principalmente em comunidades étnicas.

Além da observação constante, no caso da tradição oral, a entrevista deve abranger pessoas tidas como "reserva de memória" ou "depositárias das tradições". É bom notar que todos os segmentos sociais têm portadores de lembranças, as quais, afinal, explicam os direitos e papéis do grupo. Os mais variados grupos quase sempre têm entre os mais velhos aqueles que guardam a síntese da história do grupo. Esta pessoa é sempre indicada para ser entrevistada. A partir dela, podem ser envolvidas outras – de gerações posteriores ou de segmentos diferentes em termos culturais ou sociais.

Os casos de *tradição oral* implicam o uso do que se chama de "narrativas emprestadas". Como para a explicação do presente, a *tradição oral* necessita da retomada de aspectos transmitidos por outras gerações; dá-se, em razão disso, o empréstimo do patrimônio narrativo alheio, frequentemente herdado dos pais, avós e dos velhos. Ainda que a tradição oral seja a menos desenvolvida das três áreas da história oral no Brasil, apresenta-se como um fértil campo para trabalhos com a memória verbalizada.

LEITURA COMPLEMENTAR:
Oralidade, credibilidade, tradição

Não são raros os casos em que alguém pergunta a respeito do *corpus documental* em história oral: "É possível 'usar' somente a oralidade para compor a documentação de uma pesquisa?". Não apenas para a tradição oral, essa pergunta reponta como elementar. Parcialmente superados os debates da década de 1990 em torno da história oral, as dúvidas basilares saem das catacumbas temporais e se sacodem. São espectrais. Tratá-las com o gestual do respeito é postura ética do oralista. Com rotas alternativas é possível percorrer o conceito de documento na passagem do século XIX para o XX por meio dos debates na Europa e, de forma análoga, em algumas outras partes do mundo. Por outro lado, as respostas oferecidas pela moderna história oral entre o *corpus* documental pleno ou híbrido são plausíveis, aqui: não é incomum o cruzamento de entrevistas e suportes escritos. De toda forma, o oralista cuida dos procedimentos para produzir a sua documentação e faz jus ao empréstimo do trecho da canção "Amor de Índio", de Beto Guedes, em que: "Abelha fazendo mel, vale o tempo que não voou".

A ausência de critérios para as críticas em modelos de codificações distintos ainda pode apresentar problemas à compreensão tanto do documento em história oral, quanto do gênero narrativo adotado: faz-se imprescindível discernir a duplicidade nos critérios do oral e do escrito. Por isso, a história oral parte do oral e deriva do oral; significa que as entrevistas não são coadjuvantes, suplementares. Ao contrário, são estruturais, centrais. Destarte, a análise é consequência das entrevistas que ocupam lugares axiais no *corpus* documental, as quais nada devem aos suportes de codificação textual em termos de qualificação. No caso da história oral, atende-se aos critérios analíticos próprios do campo da memória de expressão oral. De certa forma insubmisso, o documento de história oral tem posição arquitetônica central nesse tipo de pesquisa com a memória de expressão oral. Se pensada como projeto, a história oral prioriza as entrevistas no decorrer da análise: não se concentra, então, no "citacionismo" que visa solapar as narrativas com a desculpa da comprovação de uma teoria hierarquicamente superior à vida contada; tampouco utiliza as entrevistas como meros exemplos para confirmar teses antecedentes.

Assim como as fotografias e as imagens diversas não são documentos cabíveis na classificação de "segunda ordem" na pesquisa histórica especializada – submetidos ao império da estabilidade imaginada, os documentos produzidos com a história oral fundamentam o trabalho de pesquisa e se sujeitam às proposições dos variados gêneros narrativos. Quando da hibridização documental, parte-se sempre da memória de expressão oral para o arquivo em escolhos procedimentais claros. Nesse caso, a memória pode ser indicadora dos caminhos para os arquivos a partir dos quais são criadas séries documentais e realizadas outras organizações. Na história oral pura ou plena, as repetições temáticas são decorrentes da própria vida do entrevistado, dos diferentes assuntos, dos mais variados episódios traumáticos e das tradições. O campo da memória coletiva oferece elementos à interpretação enquanto os colaboradores fazem-se narradores de si por excelência. Sem prescindir da análise em história oral, a escolha do campo mnêmico indica o entendimento de grupos vinculados pela verbalização, pela identidade e pela temporalidade fluída.

Se é constatável que a École des Annales contribuiu no âmbito da história para a democratização e requalificação do conceito de documento em França e na Europa, não é menos notável que etno-historiadores, antropólogos e linguistas tenham compreendido, antes e depois desse movimento, que se poderia ampliar o conceito de documentação. E não é raro ouvir exaltações da École des Annales que, entretanto, não se comprovam em pesquisas, assim como no trabalho heurístico.

É relevante reconhecer que no fabrico dos documentos de codificações oral e escrita está um dado fundamental: o ser humano como produtor. Porque é o ser humano quem manipula os códigos oral e escrito, que joga, que estabelece relações de poder, que reinventa o passado, que talha em artesanatos narrativos e cria as regras para assegurar confiabilidade; quaisquer documentos são passíveis, portanto, de desnaturalização e de crítica porque carregam os interstícios das impressões, dos jeitos de perceber o imediato. Ao mesmo tempo, o documento não é suficiente se não sofrer a crítica e se ficar restrito ao espírito do "documentismo". Por lógico, nem mesmo a vida inteira cabe nas documentações, e, por argumentos bem mais consistentes do que os naturais, serve como provocação natural à suficiência de suportes.

As sociedades lidam com diferentes contornos de memórias. Há aquelas que se estruturam de forma prioritária na oralidade e outras que negociam o espaço da oralidade com o da textualidade como iluminadora da modernidade letrada. Há sociedades que partem do oral para o escrito e outras que tentam inverter a ordem dos códigos por critérios de confiabilidade próprios do capital. Depois da estruturação de uma mentalidade ocidental letrada, existem outras sociedades que, entretanto, depositam a sua confiança no escrito com ênfase no veritativo textual: "Tudo no papel". Ainda que o processo de letramento da Europa tenha se encerrado por completo apenas no século XIX e que as formas arcaicas do feudalismo tenham sido duradouras, a tendência é verter para o escrito os contos, os ritos, as fábulas, as histórias – de valorizar o escrito de forma a pactuar com a racionalidade do Ocidente. O conto da Chapeuzinho Vermelho, originado no século XIV, desde Charles Perrault, é modelo clássico de travessias, de ajeites e de mudanças na escrita que propugna sua manutenção em diálogo com a oralidade infantil. Com o Saci não foi diferente, desde a sua versão guarani até as molduras contemporâneas – o texto enquadra o oral e o oral reinventa o textual. Sobre as histórias de griôs e de outros mestres da sabedoria oralizada, Louis-Jean Calvet preferiu dizer que existem elementos verossimilhantes em narrativas sobre um mesmo personagem elaboradas em lugares diferentes, por etnias distintas ou por contadores que não foram coetâneos; para Calvet, as expressões orais vertidas ao texto podem ser ainda mais modificadas do que algumas conservações exclusivas da memória.

    Um contador de histórias por vezes assegura a fidelidade da transmissão. "Foi assim que aconteceu", recorda-se. Sobretudo em pesquisas de comunidades étnicas, a tradição oral se apresenta como gênero narrativo. Forma e fidelidade são elementos estéticos e pactuais presentes também na tradição oral segundo parâmetros próprios. No entanto, a tradição oral se aproxima e escapa da História com certa frequência, ora pelo rigor pactuado em antigos conceitos de fontes, ora pelos procedimentos adotados. Amanhecido o século XXI, e, quando não mais se recai na suficiência das representações como soluções acabadas, ainda se fala, por ângulo entardecido, em exatidões, em estabilidades com a intenção de descrever o fato como fato crível, xamã, profeta, trovador, rabino ou um contador tradicional da mandinga ou das crenças guarani-falantes são corpos que, enfim, falam. De outra maneira, são "bocas étnicas" do mundo nas diferentes cartografias mentais da memória oralizada.

Nos diversos gêneros narrativos, cabe ao oralista compreender que o documento resultante de procedimentos em história oral tem a credibilidade de atender à crítica qualitativa das lembranças como artefatos da memória. Pretende-se não um conjunto de informações e de conhecimentos dados sobre o passado, mas um passado nem sempre constituído segundo os ditames do capital e sempre recordado, reelaborado por meio de entrevistas. Aos poucos, consolida-se um *corpus* documental capaz de trazer as lembranças evocadas pela força das recordações e materializadas em documentos. O oralista escapa do convencional escrito através da valorização do documento característico do campo: faz tanger a harpa e faz tocar o espírito de uma época. Que ninguém se engane: o produto descartável das análises convencionais é matéria-prima para a história oral: desde os devaneios, os sonhos noturnos ou em vigília, os rearranjos, as crenças, as mentiras, as preces; de certa forma, a história oral é uma grande aposta no humano e em sua capacidade de se expressar segundo o imediato envolvente. Acredita-se que o humano e a sua experiência não caibam completas no documento; desajustadas, equivocadas ou não, além de pujantes, contudo, tais traços de humanidade são produtos sempre – como disse o velho griô – de "sacos de fala".

HISTÓRIA ORAL COMO PROCESSO

O novo não é o ver o nunca dantes visto no estranho, mas ver, no sempre visto, o que nunca foi visto antes.

Jorge Forbes

O acesso à memória individual e coletiva se realiza a partir de uma ordem de relações previstas. Longe de ser apenas o ato das gravações, deve-se considerar a validade de uma sequência de procedimentos que organiza a prática dos projetos. Nessa ordem, reorganizações pós-traumáticas, eventos celebrativos, bem como marcos históricos, são fatores que garantem unidades essenciais e facilitam o avanço da proposta. A soma de itens que permitem caracterizar certas identificações indica a necessidade de reconhecimento das experiências que definem os estágios da organização. São empregados quase sempre conceitos de delimitações rigorosas na amplitude e, nesse sentido, o primeiro deles é conhecido como "comunidade de destino". A partir desta caracterização, podem-se organizar os caminhos sequentes da pesquisa, derivando-se do maior para o menor. Garantindo que "comunidade de destino" seja o conjunto de percepções que marcam um polo de união, somente depois desta definição é possível orientar os próximos passos. Porque muitas vezes é inviável ouvir as narrativas de todas as pessoas que compõem uma "comunidade de destino", busca-se o estreitamento numérico do grupo, caracterizando-se uma parcela nomeada "colônia", que é uma subdivisão capaz de, na sequência, produzir as "redes"; por seu turno, as redes são frações ainda menores dos procedimentos operacionais.

Enfatiza-se que o ganho do trabalho com as "redes" é constatável em pesquisas de história oral, porque as parcelas menores dotadas de características próprias traduzem as diversidades marcadoras das diferenças em condições ainda mais delimitadas. O reconhecimento dessas alternativas expressa as variações que se explicam no conjunto a partir da noção de "comunidade de destino".

"Para pensar a memória coletiva e as memórias do coletivo" é a Leitura Complementar indicada, sob a justificação de que somente com o entendimento da memória coletiva, ou do coletivo, pode-se apoiar soluções propostas em "História oral como processo".

COMUNIDADE DE DESTINO

A especificação de *comunidade de destino* é, conceitualmente, ponto de partida fundamental para quaisquer projetos que busquem entender a memória individual ou coletiva. A *comunidade de destino* é caracterizada pela força do vínculo subjetivo existente entre pessoas afinadas em torno de motivações comuns, dramas e sofrimentos. Considera-se, no entanto, outros fatores que marcam a *experiência* de grupos e sinalizam para questões afetivas. O "tempo" ou simultaneidade das experiências compartilhadas, contudo, dependem de circunstâncias inerentes aos motivos que agregam colaboradores, pois existem casos em que o traço de união ocorre ao mesmo tempo – na simultaneidade dos eventos marcantes, tais como um terremoto que pode motivar mudanças drásticas no curso da experiência comunitária dos afetados. Existem, porém, situações em que a comunidade de destino é configurada em épocas e espaços diferentes, assim como nas circunstâncias de portadores de vírus adquiridos (contaminação da aids, surto de ebola, pessoas que passam por ataques cardíacos, por exemplo). A comunidade de destino é motivada por grupos que vivenciam, de um jeito ou de outro, episódios de impacto, relevantes, questões modificadoras da vida ordinária e que têm consequências sociais substantivas.

> A união de grupos afetados por episódios ou dramas relevantes é característica da memória coletiva: isto é, da *memória de expressão oral*. Eventuais discussões de comunidade, memória e identidade estão relacionadas à avaliação da comunidade de destino.

À história oral importa – nas operações de entendimento da memória coletiva – refletir sobre a caracterização desses fenômenos; fazer, além disso, registros dos impactos desses eventos em parcelas sociais significativas e que, em conjunto, tiveram suas trajetórias marcadas por experiências fortes que merecem atenção. Menciona-se, pois, situações como: movimentos migratórios, de refugiados, de dramas sentidos por comunidades quilombolas ou indígenas, catástrofes e outros fatores que impõem sofrimento como fator de coesão. Há que se considerar, de igual forma, situações de impactos positivos, significativos no comportamento cultural da coletividade, como uma visita de um papa, do dalai-lama, de atletas distinguidos ou de heróis instantâneos. De igual forma se diz de celebrações centenárias ou da escolha de local para acontecimento nacional: tudo mobiliza, e com sentido, as mais variadas parcelas.

Os acontecimentos de repercussão social são almejados porque, além de marcarem o coletivo, são definidores de certo eixo da experiência causadora de aproximações. Constituindo-se nos elementos basilares que reúnem pessoas em torno de causas, a memória se orienta como norteadora da atenção. Diferente da disciplina História que comumente se apoia em documentação escrita, as evidências subjetivas permitem fantasias, criações, inventos que respondem à idealização da vida. É sob essa condição que a memória coletiva se faz ubíqua e que, portanto, a escolha de uma comunidade de destino se realiza enquanto ponto de referência inicial em face do amplo espectro na sociedade.

> A memória coletiva é a razão de ser para a definição de *comunidade de destino*. A atenção cuidadosa dos fatores que determinam mudanças de comportamentos grupais precisa ser entendida a partir da percepção do grupo que vivencia os impactos referidos como alteração do andamento coletivo.

Como atributo da memória do grupo ampliado, a comunidade de destino sofre em razão do compartilhamento de lembranças com bases comuns que podem afetar as expectativas sobre o futuro do grupo; o oralista sofre de maneira irreparável e com consequências não raramente graves o sentido da comunidade com a qual se envolve. Uma lembrança comungada com outra em gestos "recordatórios", e a repetição verbalizada em falas somadas, sustenta as fundações comunitárias que transitam entre a identidade, a dessemelhança ou a diferença. Halbwachs, ao propor o conceito de memória coletiva, demonstra como o elo mnêmico entre parcelas humanas toma-se retraço fundamental na destinação grupal; sustentáculo de experiências, a memória coletiva não pode ser banalizada como chavão ou devaneio que impossibilita a sondagem de elos humanos marcados por expressões. Porque a memória implica em capacidade de motivar fortes aproximações e de negociá-las quando necessário. Se evidentemente memória não é História – o que, por si, não explica o funcionamento do aparelho mnemônico –, o calor da experiência reside sempre em lembranças avocadas por ordenamentos internos às comunidades. Pelo reverso do estável, a memória não requer o esfriamento da experiência, sendo, por conseguinte, o transcurso explicado das vivências cotidianas.

A *comunidade de destino* é marcada por consequências traumáticas e efusivas, sempre de efeito dramático e capaz de sensibilizar a força afetiva contida na valorização do evento motriz. Elementos subjetivos da comunidade de destino são valorizados como afetividades – como *pathos* – ou produtos expressos pela memória coletiva. Estudos em história oral demonstram a dimensão sempre sensível da narrativa, a qual corriqueiramente se constrói sobre os fundamentos de racionalidades descentradas. Dessa forma, os traumas e os dramas produzem consequências materiais comuns, ditas quase sempre em um segundo momento, que marcam o porvir de grupos afetados e entrelaçados pela imponência de vínculos emocionais. A emoção é, então, recipiente privilegiado das expressões que se articulam entre os aparelhos mnemônico e fonador; claro, sem perder do escopo uma memória social abrangente.

Dos acontecimentos dramáticos, argumenta-se, em sentido amplo, de grupos vulneráveis e sujeitos às consequências de eventos como inundações, deslizamentos de terra, tempestades, rompimento de barragens, entre outros. Coisa semelhante se diz de milagres, festas alusivas às passagens de estações climáticas, rituais de continuidade da vida, efemérides evocativas de referências. Em termos afetivos, remete-se a fatores que se destacam das atividades comuns dos grupos, e, nesse caso, a aparição de santos ou divindades, o reconhecimento do papel dos heróis de projeção, são exemplos. Dos vínculos afetivos, podem ser destacadas as experiências de cunho moral, sentimentos de pessoas afetadas por dramas, tais como discriminação, violência, arbitrariedade, assédio, migrações, entre outros. Tais afecções do meio contribuem para com a configuração da comunidade, embora, no sentido e no sentimento das situações limites, desfiguram modos de vida, assim como as dinâmicas do cotidiano. As possibilidades de trato com as comunidades de destino requerem o afeto do oralista: significa deixar-se afetar, com limites e cuidados, pela potência narrativa de grupos atingidos ou pelas sutilezas que instruem expressões de memória.

> Pensar *comunidade de destino* implica dar início a uma proposta de contornos sistêmicos, de fases que se comunicam de maneira a organizar o trabalho de história oral percebido pelas entrevistas individuais, mas de filiação coletiva.

A *comunidade de destino* é sempre ampla, o que é necessário para criar entendimento da coletividade que efetiva os referenciais. Deve-se, contudo, ter claro que o alcance largo de sua execução é inviável. Consequência imediata dessa constatação é a indução de pesquisas à procura de melhor calibre para a realização da investida com entrevistas. A decomposição da proposta e o estreitamento do alcance são atitudes operacionais que respondem à demanda empírica do projeto. Ao mesmo tempo, não se pode perder a atenção da comunidade de destino anteriormente definida. É nesse sentido que a parcela maior de pessoas deve ser cuidadosamente decomposta ao produzir, com critérios, nova fração analítica da comunidade de destino. Outra conceituação passa, então, a ter sentido e é conceituada como colônia – como grupo menor e definidor de especificidades. Tomando como exemplo os processos sobre greves operárias, imagina-se que a subdivisão focalizasse um espaço e tempo (São Bernardo do Campo, 1979). Isso indicaria, dentro da amplitude temática, um recorte mais factível e exequibilidades sopesadas. Outra etapa, depois de precisados os fatores indicativos, daria lugar à formação de redes de segmentos a serem entrevistados. Tudo para, enfim, garantir a expressão oral da memória coletiva que, por seu turno, está ligada à comunidade de destino na confluência de lembranças.

Caso exemplar de interesse social é o de sobreviventes do desastre de rejeitos provocado pelo rompimento da barragem controlada pela Vale S.A., no município de Brumadinho, Minas Gerais, em janeiro de 2019. No caso de Brumadinho, a *comunidade de destino* pôde ser demonstrada pela maneira dramática que vivenciou – e ainda vivencia – o desastre, o luto e as eventuais injustiças nas responsabilizações civis/criminais. Importa destacar que a comunidade de destino é afetada por mudanças radicais para a vida de pessoas desvalidas, excluídas e por quantos se tornem vulneráveis aos preconceitos étnicos, religiosos, de gênero e em função de identidades de gênero. Essas e outras experiências de iguais fragilidades, embora não mencionadas, tornam-se mostras de como narrativas individuais operam na memória ao selecionar passados e imprimir sentidos às histórias.

COLÔNIA

A condição de *colônia* em história oral é definida pela identificação dos padrões gerais das parcelas de pessoas em uma mesma comunidade de destino. Se a *comunidade de destino* é um todo, a *colônia* é sua primeira divisão, ainda que composta em um bloco grande de agentes que procuram explicá-la. Por isso, deve-se estabelecer um critério explícito para proceder a divisão operacional da comunidade, o que justifica a existência da colônia. A escolha da colônia facilita o entendimento do coletivo que, de outra forma, se perderia na abrangência da comunidade de destino ou inviabilizaria a pesquisa. Nesse sentido, a *colônia* objetiva determinada comunidade de destino de maneira a torná-la viável em procedimentos de história oral.

> Menor que *comunidade de destino*, a *colônia* é parte ou fragmento substantivo, fração representativa ainda que numericamente menor da *comunidade de destino*.

Sendo almejável para possibilitar o entendimento do todo pretendido, a *colônia* possui sutilezas, pois é necessário guardar, ao mesmo tempo, características peculiares que justifiquem a fração e manter os elos comuns do grande grupo. E é no ateliê do projeto que se resolvem esboços, critérios, delimitações, assim como composições diminutas que permitem análises mais acuradas. Assim como é possível supor, os nordestinos que migraram para São Paulo na seca de 1958 apresentam características diferentes principalmente porque evadiram-se de realidades distintas com problemas comuns; tem-se que na abrangência da "comunidade de destino" as colônias são, assim, variadas nos aspectos social e cultural. Em história oral, importa escapar dos essencialismos e das homogeneizações que se apresentam como empecilhos para a compreensão das experiências que acentuam a memória coletiva.

A *colônia* tem por função permitir, de maneira organizada, em outras palavras, a condução do estudo, fazendo-o executável: entre doentes, por exemplo, existem grupos menores delimitados por critérios circunstanciais variados e, sob quadros diferentes, algo semelhante se pode dizer de judocas segundo as tradições *Kodokan* e *Budokan*; a marcação de tendências emoldura telas compreensivas. Com base no exposto, a abrangência da colônia, em certo sentido, é arbitrária porque existem várias formas de proceder ao parcelamento proposto. Poder-se-ia pensar, ainda à guisa de exemplificação, em estabelecer *colônia* segundo o critério de gênero: a migração das mulheres em paralelo ao movimento dos homens; das crianças em comparação com os velhos; a dos que vieram sozinhos em equiparação aos que trouxeram família. Nesse caso, a comunidade de destino se manteria a mesma – os nordestinos migrados para São Paulo na seca de 1958 – e a colônia, em vez de se ater ao todo indiscriminadamente, diria respeito à procedência por estado ou aos gêneros feminino e masculino. No caso dos estados, prevalece a resistência cultural – hábitos alimentares, tradições domésticas, música –, e, no caso dos gêneros, as diferenças entre a experiência migratória para as mulheres e para os homens.

REDES

As *redes* são derivações da *colônia* e se referem às menores parcelas das *comunidades de destino*. No interior da *colônia*, é possível identificar segmentos ainda mais restritos que possuem feições singulares, as quais obedecem sempre às lógicas da colônia e da comunidade de destino. As *redes* devem ser sempre plurais porque nas diferenças internas aos diversos grupos residem as disputas ou as marcas alternativas que justificam comportamentos no interior de um mesmo plano organizativo.

> Para estabelecer as *redes* é necessária atenção sobre o entendimento em profundidade das razões de segmentos organizados que compõem o todo. Particularidades integradas na memória da colônia e da comunidade de destino são indicadoras de diferenças, divergências e antagonismos.

Interessam os argumentos que justificam o fenômeno para cada segmento. A riqueza das *redes* indica fertilidade de motivos que, sob um mesmo processo, no caso a seca do nordeste e o fluxo para São Paulo em 1958, teriam promovido os deslocamentos; compreender diferentes perspectivas é, por consequência, um trabalho de memória. Ainda supondo esse exemplo, cabe lembrar de que as razões que trouxeram os homens são possivelmente diversas das que impulsionaram as mulheres. Por isso, poder-se-ia pensar, minimamente, em uma rede masculina e outra feminina. Subdivisões ainda poderiam ser consideradas: redes dos homens que vieram com famílias e dos que vieram sozinhos. Principalmente no caso do tratamento operacional – em que são considerados os "argumentos oralizados" como forma de análise – a comparação de redes diferentes fornece, de regra, excelente oportunidade para considerações.

A origem da rede é sempre a entrevista *ponto zero*, que deve orientar a formação das demais redes e dos próximos entrevistados de uma mesma rede. Explica-se que os entrevistados da fase conhecida como ponto zero falam ora espontaneamente sobre quem entrevistar na sequência, ora em função de estímulos proferidos pelo oralista. Por isso, a indicação de continuidade de entrevistados ou das redes deve ser derivada da entrevista anterior ou de uma rede diferente. Comumente, os narradores se referem de formas distintas aos que podem ser entrevistados, o que se torna importante para compreender entrelaçamentos, divergências e relações de poder. Os fios e os rastros que vinculam as *redes*, além das pessoas que as compõem, são costurados no tecido da memória de maneira frequentemente espontânea, orgânica. Em cada gravação, o colaborador pode indicar alguém para compor a *rede* na sequência das entrevistas por meio da construção de frases simples: por exemplo, "você também poderia entrevistar a dona Maria" ou "esse assunto é com o doutor Antônio". *Redes* antagônicas podem surgir de indicações sobre divergências ou oposições: "não fale com o José" ou "tudo é culpa da Isabel", por exemplo. A vantagem dessa estratégia é que a montagem da *rede*, ou a identificação de novas redes, segue os argumentos dos entrevistados e não dos diretores do projeto. Com isso, fortalece-se a razão do grupo e se compreende a lógica de organização espontânea do aparelho mnêmico.

É possível trabalhar com duas ou mais *redes* ao mesmo tempo, mas o cuidado que se requer é que não haja mistura de argumentos. As questões apresentadas às mulheres são usualmente diferentes das feitas aos homens. Nesse sentido é que a atenção aos argumentos de cada rede justifica a intensificação no entendimento das razões de cada segmento.

Dessa forma, torna-se importante pontuar que as *redes* são garantias de versões e visões plurais na conformação dos destinos de cada comunidade. Por meio das *redes*, pode-se verificar a formação das convergências, das dissensões, das dissidências e as mais variadas maneiras de percepção de um mesmo fenômeno ou dos acontecimentos entremeados nos lances de polifonia, heteroglossia, multivocalidade. Em história oral, propõe-se a solidificação dos gestos de democracia não apenas porque importa ouvir as muitas vozes da sociedade, mas porque as vozes ouvidas são distintas e, por conseguinte, incidem sobre fluxos de entendimentos variados; experiências justificam tomadas de atitudes e compreensões de parcelas. Ouvir todos os lados não significa concordância e ratificação de versões, mas aprimoramento na qualidade da análise e da crítica. O trabalho com *redes* assegura posturas democráticas.

Tomemos o exemplo de um projeto:

- **Tema:**
  "História Oral de vida de nordestinos em São Paulo: a experiência migratória da seca de 1958".
- **Comunidade de destino:**
  "Todos os nordestinos atingidos pela seca de 1958".
- **Colônia:**
  "Os nordestinos atingidos pela seca de 1958 e que migraram para a cidade de São Paulo".
- **Redes:**
  1: homens que vieram com famílias;
  2: homens que vieram sem família;
  3: mulheres que vieram com família;
  4: mulheres que vieram sem família.

Outras divisões poderiam ser pensadas: pessoas – homens e mulheres – com familiares em São Paulo; pessoas que antes tiveram experiências em São Paulo.

Um projeto como esse pode abrir caminho para se refletir nos papéis sociais – masculinos, femininos, geracionais, de pais e filhos. Em continuidade, a memória das estruturas sociais fica exposta de maneira a sugerir critérios para a adaptação, mudanças e maiores delimitações por critérios de especificidades.

LEITURA COMPLEMENTAR:
Pensar a memória coletiva e as memórias do coletivo

Sem dúvida, memória é um dos temas mais expostos do momento. Em qualquer quadrante, por motivos multiplicados, o termo desponta como sugestivo de alguma legenda provocante. No entanto, o excessivo uso da memória como título esvazia conteúdos que clamam por contornos explicativos. A conveniência das indefinições propaga usos impróprios e muitos até contraditórios. Desde condições físicas até fusões acabadas com frequência na disciplina História, passando por filtros poéticos, épicos e biodeterministas, qualquer melhor aplicação de "memória" convoca posicionamentos que extraiam o conceito de imprecisões, que aliviem suas consequências operacionais. Em particular quando se propõem abordagens ditas científicas ou culturais, não mais são suportadas indeterminações.

A primeira consideração que se faz no encalço conceitual deriva das funções humanas, biológicas, que inevitavelmente servem de base para variações como "memória coletiva", "cultural", "social", "política", "institucional". Em termos biológicos e individuais, a memória é constituinte e identificável no cérebro, no qual se alojam percepções significativas e permitem retomadas de circunstâncias ressignificadas individualmente. Tais manifestações podem ser espontâneas ou provocadas, mas também esquecidas. Tudo, é claro, por processos seletivos particulares. A afirmação metafórica de que a sociedade tem memória, ou que há uma memória social, ganha significados coletivos quando assumido seu caráter metonímico: a lembrança no lugar do vivido, das pessoas, dos objetos.

A seletividade é significativa, pois remete diretamente às funções sociais. Pesquisas sobre o tema ainda são recentes, mas pode-se adotar o ano de 1940 como corte, pois a partir dos experimentos de Wilder Graves Penfiel, neurocirurgião canadense que, entre outros, identificou as estimulações elétricas, assume-se que a memória é parte do conjunto cerebral com localização específica. Depois de repetidas investidas nesse campo, notou-se que há setores do cérebro onde se processam a guarda sempre instável e reelaborada de episódios relevantes para a consciência individual e, nela, para o coletivo.

Recentemente, psicólogos, neurocientistas, biólogos, entre muitos outros pesquisadores, têm estimulado estudos que, para a área de humanidades, logram sentido maior na medida em que se permitem pensar a memória em amplitude e escala social abrangente, de diversas formas. Adverte-se, contudo, que memória coletiva não corresponde à soma das manifestações individuais. A passagem da concepção de memória individual, biológica, para o amplo social, requer circunstancialidade das escolhas e isso provoca estudos específicos que vão além da própria coincidência ou da repetição de enunciados. Releva-se, porém, que sua especificidade padece das mesmas vulnerabilidades de consideração que a memória individual, as quais ainda se portam na busca de definições mais precisas.

Assumindo-se tal pressuposto, torna-se imperioso que nomes e explicações sejam referenciados em cada caso de uso, já que estamos longe de consensos ou mesmo de afinidades que devem deixar arbitrariedades e exageros. O que não pode ficar sem cuidados é a separação entre o que é memória individual e o que é memória coletiva. Por ironia, é precisamente no cruzamento entre o individual e o amplo social que incidem nos projetos de gravações, isto é, em entrevistas individuais usadas indiscriminadamente para muitos casos de exames do coletivo.

As levas de trabalhos que se assinalam como de memória não deixam de submeter seus processos de composição em favor de eixos temáticos. Tudo como se a tematização de assuntos fosse o começo, meio e fim dos projetos. O que se perde na ocorrência desse procedimento é mais do que a liquidação dos conteúdos que compõem a narrativa. No lugar de consideração dos fatores constitutivos da memória – individual e coletiva –, o que se tem valorado é o denominador temático. Joga-se fora, na maioria das vezes, a intimidade dos enunciados que se modulam e se materializam em gravações que podem ser objetos de exames. Desprezando a velha compartimentação "tema", "forma" e "conteúdo", o que se tem é a falha das tranças que fazem uno os argumentos e suas maneiras de expressão, assim como os mecanismos de registro.

Ainda que haja validade em considerações de entrevistas feitas com uma única pessoa, o significado dos projetos coletivos é mais expressivo por possibilitar análises sobre pactos ou alianças sociais. Alimentando essa possibilidade, as caracterizações grupais ganham sentido explicativo das relações humanas. Com isso, sem maiores esquematismos, pode-se pensar que o coletivo merece molduras que facilitem o alcance de entendimento das diferentes situações em exame. Partes de um todo – coletivo – as seleções não implicam divisibilidade e, sim, estratégias de compreensão do universo contextual. Assim, as comunicações entre segmentos, permitem tanger memórias que se comportam como "social", "cultural", "política", "institucional". Cada uma, porém, demanda sua distinção. Tudo sem perder o horizonte da memória coletiva e da maleabilidade de vertentes mnêmicas almejadas pela história oral.

A memória coletiva é marcada, pois, por um recorte amplíssimo, de alcance universal. Ainda que seja meta constante, sua tangibilidade é e será sempre precária. Em termos de "recortes", os aspectos largos e que superam vastos limites dos estados nacionais são matérias da chamada memória coletiva que, por sua vez, aproxima-se dos clássicos arquétipos mitológicos: como amostra se destacam o amor materno, a determinação de gênero, a amizade e a paz como valores do progresso. Paradoxalmente, manifestações contrárias a tais pressupostos, os desvios ou variações do coletivo, assinalam diferenciais que marcam contrastes ou nuanças desses absolutos. É nessa linha que perfilam dos demais aglutinadores mnemônicos que respondem a dois signos, os espontâneos e os provocados. No primeiro caso, sofrimentos marcantes, respostas a cataclismos que levam à reorganização de grupos constituem-se em valores somados que funcionam como atributos defensivos e servem de esteio para as diversas adesões. Admitindo-se os comportamentos variados da memória, sabe-se, contudo, que os traços mnêmicos sociais, culturais, políticos e institucionais se comunicam no interior do *corpus social*.

Memória social seria atributo de segmentos significativos que se explicam nos contextos dos estados nacionais ou em cadências de poder sentidas no cotidiano mais do que em categorias abstratas do social. Quando se fala em "sociedade brasileira", subentende-se um conjunto de atributos aderidos por maiorias que triaram valores subjacentes à própria História. O "social" desse modo de manifestação se expressa pelos valores presentes na memória e exprimidos por experiências que se distinguem do coletivo universal. Soma-se, no caso da memória social, atributos que interagem mesclando marcas do nacional: tradições, formas de expressão de linguagem, comportamento político ou relações de classes. Ao se discutir, por exemplo, a memória social de brasileiros, vislumbra-se mais o desempenho comportamental de pessoas do que a guarda das marcas de legados históricos comuns.

Memória cultural pode ser definida por condições delegadas em face de critérios que se enlaçam a partir de definições de certa "comunidade tradicional". São as práticas de segmentos que abalizam sobremaneira as formas de ser ou agir de um grupo. Comportada na memória social, a cultural requer reconhecimentos de valores centrífugos que os distinguem. Religião, crenças e manifestações repetidas por tempos e acatadas como típicas ou características de certos espaços onde haja dominância de formas locais e de exercício dessas tradições marcam a memória cultural. De todos os recortes, a memória cultural é a mais afirmativa das manifestações. Isso não a destitui de atividade defensiva e seu entendimento depende também de distinções das outras culturas ou memórias culturais. Do desdobramento da memória coletiva depreende-se o funcionamento da memória cultural em funções declarativas, pois de outra maneira, trata-se de um equívoco conceber o conjunto mnêmico com afastamentos temporais desejados por alguns ramos da História para reconhecer legados culturais por critérios de antiguidade.

Memória política tem vocação transformadora por meio de ativismos comprometidos com a inconformidade de poderes. A busca de fundamentos históricos para a determinação de atitudes de classe confere impulso à manifestação contra ordens estabelecidas diante da opressão. Uma das áreas mais difíceis de entendimento remete à organização desse tipo de memória que tem a ver com desempenhos, os quais excedem o envolvimento político partidário. Como se enunciasse uma voz rebelde, a memória política se compromete com a busca de transformação. Questões de direito e de reposicionamento na hierarquia social fazem com que o eixo político seja analisado por meio de contextos que discutem o sistema e a participação dos implicados em mudanças. Ainda assim, considera-se que, de forma distinta, as memórias de políticos são partícipes do universo da oficialidade em uma modalidade particular de entendimento desta forma de poder: mas, por que não uma história oral de políticos? Distinguindo-se os ativismos e os políticos com ou sem mandato, a memória política é atravessada por poderes e tem de ser problematizada com transcendência crítica.

Grupos familiares, de trabalho, de lazer, em escolas e hospitais, bem como entidades musicais ou irmandades religiosas se enquadram em feixes relativos à memória institucional. São sempre grupos menores caracterizados como frações e que se organizam em termos reverenciadores de aspectos compactuados. Lembrando que as instituições em si e por si não têm memória própria, são os componentes de um determinado organismo que assinalam o significado que os reúne sob acordadas condições. Trabalhando com identidades, em projetos que levam em consideração as diferenças, pesquisas sobre memórias institucionais merecem cuidados para não caírem em meras loas.

Inevitável: todas as tangências reflexivas sobre memória carregam compromissos que se explicitam desde a formulação dos projetos até sua constituição como corpo de registro. Nessa característica reside o fascínio dos conteúdos de memória que se expressam antes e depois das histórias.

CIRCUNSTÂNCIAS PARA ENTREVISTAS

> *O que as pessoas mais desejam é alguém*
> *que as escute de maneira calma e tranquila.*
> *Em silêncio. Sem dar conselhos.*
> *Sem que digam: "Se eu fosse você...".*
> *A gente ama não é a pessoa que fala bonito.*
> *É a pessoa que escuta bonito.*
>
> Rubem Alves

A prática de entrevistas em história oral sempre decorre de circunstâncias preestabelecidas e planejadas. Não há que se falar em entrevista sem que sua realização seja contemplada no projeto e, tampouco, parte-se de entrevistas para a confecção de projetos. As entrevistas possuem singularidades que, contudo, devem ser consideradas em relação ao conjunto. A busca de equidade sobre o tempo de duração das entrevistas, a postura na apresentação do projeto como um todo e o encaminhamento dos resultados (quando devolver, como apresentar a Carta de Cessão, entre outros) são aspectos que devem ser ditos para os colaboradores. Recomenda-se planejar as entrevistas e na sequência estabelecer práticas que caracterizam etapas distintas.

Por integradas que estejam no planejamento, são as diferentes fases que conferem sentido à realização de gravações: a "pré-entrevista", assim como a "entrevista como matéria", demarca etapas por planejamento e respectiva consecução. Para a história oral, a entrevista, que atende às especificações da área, não é um fim em si mesma: pensando-a em conjunto com procedimentos ampliados, depois de realizada a gravação, faz parte da melhor prática a escrita das experiências vivenciadas ao lado dos colaboradores, seja nas páginas de um caderno ou em outros suportes.

Reconhecida a distinção e as especificidades da entrevista em história oral, cabe ao oralista pensar o ambiente da gravação: interessam desde os acertos prévios às elaborações performáticas do narrador. Nesse particular, o caderno ou os registros de campo contribuem para se pensar no ato da entrevista como algo maior do que apenas a captação de som ou de material audiovisual.

A Leitura Complementar "Entrevista como trânsito" indica caminhos diversos na superação de posturas "utilitaristas" sobre a entrevista: ressaltando-se o encontro com o colaborador, propõe-se a entrevista inclusive como abrigo de fala e escuta.

ENTREVISTA PLANEJADA

As entrevistas gravadas segundo planejamentos – como parte integrante dos projetos de pesquisa em história oral – constituem-se em etapas relevantes para o gestual da escuta compreensiva. Isso significa, é claro, que as entrevistas são essenciais, mas não esgotam a prática em história oral. Assim como as entrevistas sem projetos não preenchem os requisitos para a identificação de uma história oral, precauções complementares devem ser tomadas quando as narrativas são assumidas para suprir lacunas de documentos escritos ou para obter detalhes e/ou informações inéditas. Como um recurso que combina a situação das entrevistas com seus conteúdos, cuidados com a inscrição do ato de gravação no conjunto do projeto precisam ser sublinhados. Tais cuidados convidam os diretores de projetos a procedimentos comuns sobre o tempo de duração, local de captação da entrevista e, principalmente, de manutenção de questões basilares que sejam capazes de instruir análises atentas.

> As entrevistas não podem ser confundidas com depoimentos, que são atos de cunho jurídico e policialesco que demandam a existência de "verdades factuais". Entrevista é trânsito no mundo do outro: oportunidade de incursão em campo diverso, plural, experiencial.

Fala-se, portanto, de administração da pauta da entrevista em observância com a condução pedida para cada gênero de história oral. É comum existirem variações de duração ou mesmo de respeito ao ritmo narrativo de colaboradores, mas a busca de aproximações não pode ficar ausente. No caso de história oral de vida, ressalta-se a necessidade de manutenção de uma pergunta comum a todos os entrevistados: a chamada pergunta de corte. Entende-se por pergunta de corte a questão que marca a comunidade de destino dos entrevistados, bem como a remessa do conjunto de entrevistas ao eixo motivador do projeto. Quase sempre a *pergunta de corte* se situa no final da entrevista, funcionando como uma espécie de ápice do encontro. Apesar disso, existem oralistas que preferem realizar a pergunta de corte nos momentos iniciais da gravação.

Destacada a importância das entrevistas, existem diferentes fases que as possibilitam:

1. *A pré-entrevista (abordagem sobre motivações do projeto);*
2. *A entrevista propriamente dita;*
3. *Os tratamentos pós-entrevista, entre os quais se enfatiza a legitimação e a autorização para aplicação.*

Excetuando-se casos específicos, principalmente na adoção da tradição oral como gênero narrativo, as entrevistas devem responder às propostas explicitadas no projeto. É importante evitar que a entrevista ocorra como se fosse um episódio à parte ou uma ocorrência motivadora de toda a investida da pesquisa. No caso da tradição oral, as entrevistas ocorrem no contexto da imersão ou quando da participação do oralista na pesquisa de campo. O grande desafio resultante dessa premissa remete à necessidade e ao alcance de informações prévias. Por isso, os colaboradores, nas molduras de sua participação, devem ser informados do tema do projeto e, de forma particular, sobre suas atuações no curso da pesquisa. Por lógico, a entrevista de história oral, inclusive no caso da *tradição oral*, concentra-se no papel colaborativo entre as partes: mais do que a verticalidade de anotações sobre comunidades tradicionais, procura-se pela construção mnêmica que envolva intersubjetividade e experiência compartilhada.

PRÉ-ENTREVISTA

A escolha criteriosa e o preparo do equipamento são cuidados cruciais e não devem ser vistos como detalhes, pois deles dependem muito do progresso do projeto. Em caso da gravação em áudio, torna-se preciso checar com antecedência o gravador, seja de modelos convencionais ou mesmo quando se faz o procedimento por meio de celulares, assim como a eficácia do aplicativo utilizado e o espaço de armazenamento na memória do aparelho ou no cartão de memória; quando se trata de gravação em câmeras filmadoras, faz-se importante verificar, sobretudo quando não se têm familiaridade com a prática, funcionalidades do equipamento, possibilidades de utilização, bem como o cartão de memória mais adequado para o armazenamento da entrevista. Não raro, cuidados extras com microfones para uma melhor captação do som e material de iluminação, entre outros, são bem-vindos.

Além disso, a fase chamada *pré-entrevista* exige negociações prévias como: acordos sobre locais de preferência, dias e horários convenientes. Não somente os horários devem ser previstos, mas a quantidade necessária de horas para a gravação. Ainda que seja interessante o equilíbrio entre o tempo de gravação de uma e de outra entrevista, podem existir condições ou possibilidades distintas para cada *colaborador*. Nesse sentido, requer-se sempre o respeito ao processo de negociação e a aceitação de eventuais limitações do entrevistado.

Por serem interlocuções planejadas, destaca-se a fase da *pré-entrevista* como condição preparatória para a gravação. Nesse sentido, reitera-se que alguns zelos práticos devem ser notados, tais como as condições dos aparelhos, os cuidados de captação eletrônica (quando possível local com boa capacidade de som, privacidade, registro prévio do projeto, data, nome e dados pessoais do colaborador). Além desses detalhes, o preparo e a compreensão do significado daquele encontro requerem a devida reflexão prévia. Sobretudo, a consideração respeitosa aos *colaboradores* deve garantir para o ato certa solenidade conveniente ao respeito ético exigido em qualquer situação de história oral. Não se diz, portanto, de hierarquia ou superioridade de uma entrevista em relação às outras. Por serem todas importantes à compreensão da memória coletiva, não se sugere qualquer modo de hierarquização do conjunto.

> Como preparo às entrevistas, não bastam contatos prévios com os colaboradores. Recomenda-se uma apresentação simplificada, tanto quanto esclarecedora do projeto para que o interlocutor conheça as intenções, justificações, objetivos e procedimentos da pesquisa.

Somente com clareza e exposição de argumentos o colaborador pode decidir se quer ou não participar da iniciativa. Cabe, ainda, decidir entre realizar entrevistas únicas ou múltiplas, abertas ou fechadas. O local da realização das entrevistas é evidentemente importante para a construção da ambiência da situação e, sobre isso, a decisão que prevê onde ocorrerá a gravação deve sempre depender do convidado. Um resultado é possível em espaços fechados, alheios às vivências dos colaboradores (como estúdios) e outro diferente quando a entrevista é realizada em ambientes naturais aos colaboradores. Entrevistas únicas são as que ocorrem em uma única vez, enquanto as múltiplas são aquelas que requerem mais de um encontro com os colaboradores. Ainda que se prezem possibilidades de variações entre pessoas convidadas que demandam mais tempo ou repetição de sessões para continuidades, a regra é manter igual constância para todos. Há um fator que explica a equidade no caso de entrevistas com *redes* variadas: a atenção paritária que, portanto, evita a valorização de alguns casos em detrimento de outros.

> Na experiência em história oral não se aceita entrevistas feitas sem anuência do colaborador. Entrevista em história oral não pode ser confundida com "furo de reportagem".

Embora possa ser possível em uma mesma pesquisa ocorrer entrevistas únicas e múltiplas, as múltiplas, depois de justificadas na apresentação dos resultados, exercem a vantagem do retorno que supõe aprimoramentos ou variações sobre as lembranças narradas. Ângulos diferenciados, alternâncias, mudanças de opinião e reelaboração de vivências ou ideias anteriores refazem os caminhos das memórias próprias em entrevistas múltiplas. A condição da memória de expressão oral remete diretamente à fundamentação da matéria.

> Entrevistas únicas falam do frescor da hora, da espontaneidade da expressão. Enquanto entrevistas múltiplas permitem variações, reordenamentos, correções. Há vantagens em uma ou outra solução.

Além do aprimoramento subjetivo, as entrevistas múltiplas permitem o desenvolvimento da confiabilidade entre entrevistador e *colaborador*. Cabe ressaltar que algumas histórias são contadas apenas em uma segunda gravação, após a demonstração de empatia, acolhimento, predisposição à escuta. Por seu turno, as entrevistas únicas são marcações pontuais da memória, e, assim, contribuem para a reflexão das especificidades ou condições gerais nas quais as histórias são contadas.

Nesse sentido, a vantagem das entrevistas abertas e não diretivas está na superação da tematização pela força de perguntas preestabelecidas, expandindo-se para a situação de entrevista como *performance*, como espaço de espontaneidade e exercício dialógico. Não se trata de comprovação algo forçada das hipóteses de um projeto ou do esforço para delimitar narrativas às temporalidades do "objeto", portanto. As entrevistas abertas propiciam espaços de liberdade de expressão da memória, partilha de experiências e imprevisibilidade: admite-se partir da memória e não de enquadramentos previamente acabados.

Mais do que simplesmente considerar as entrevistas como um hiato entre o ligar e o desligar do gravador ou da câmera filmadora, as performances garantem a expressão oral da *persona*, do temperamento e dos valores que compõem certo mosaico argumentativo. Embora seja comum que os entrevistados prefiram dar entrevistas em casa, outras escolhas podem ser feitas e, então, ajustadas com antecedência. Não é incomum que as entrevistas ocorram não somente no lar dos colaboradores, mas em igrejas, restaurantes, cinemas, escritórios, clubes, sindicatos, empresas e nos mais variados espaços. Busca-se igualmente boa qualidade para a gravação do áudio ou do material audiovisual, pois interrupções e impedimentos podem distrair a concentração do colaborador.

Em cada situação de entrevista, faz-se necessário considerar as particularidades do encontro. Vale a ponderação sobre o conhecimento prévio do interlocutor: é bom conhecer a trajetória das pessoas entrevistadas ou não? Homens entrevistam mulheres ou não? As faixas etárias do entrevistador e do entrevistado devem ser as mesmas? As mesmas perguntas podem ser deslocadas às questões étnicas: brancos entrevistam livremente negros e indígenas sobre suas circunstâncias? Deve-se compreender, por exemplo, como distintas as condições de entrevistas de ex-presos políticos, exilados e torturados daquelas que se faz em aldeias indígenas ou em quilombos. Existem particularidades em situações variadas. No entanto, as negociações entre entrevistador e colaborador devem, em todos os casos, ocorrer em igualdade de condições; permitir que o colaborador tenha boas possibilidades dialógicas nos ajustes da fase pré-entrevista é assegurar conforto, liberdade de manifestação e adequadas condições narrativas que garantem a *performance* da entrevista.

ENTREVISTA COMO MATÉRIA

Como a palavra "entrevista" sugere relações – "entre" e "vista" –, a interlocução trocada pelas partes, o entrevistador e o colaborador, caracteriza a solenidade do ato. O momento da entrevista é decorrência das redes indicadas pela colônia, que, por sua vez, remete à comunidade de destino com toda a força da memória de expressão oral – mote principal do projeto. Ainda que parte importante na consecução de projetos, a entrevista é, sim, uma interferência na atividade do outro, entrevistado, o que demanda cuidados técnicos e éticos, além de decisões relativas à atuação. Há correntes de entrevistadores que atuam de maneira incisiva, forçando argumentos que não apareceriam de outra forma. Há também correntes mais delicadas, que professam a expressão possível e condizente com o respeito à capacidade de exposição do colaborador.

Em casos de tratamento de situações sensíveis e drásticas, como a história de mães que tiveram filhos assassinados por traficantes, por exemplo, uma ocorrência é forçar a colaboradora que preferiria não tocar no assunto e outra circunstância remete à condução mais delicada onde os silêncios e interditos são resolvidos na *transcriação*. Para tanto, o transcriador se vale de reticências, pontos de exclamação ou mesmo de interferências diretas – oportunidade em que o diretor do projeto recria e facilita expressões de memória. É assim que, em ligeiras apreensões e recriações contextuais, que se realiza a chamada escuta compreensiva: interfaces de outro exprimido por meio de memórias não raramente doloridas.

Na situação de entrevista, a voz sempre está em trânsito e é, por conseguinte, abrigo de ideias sem deixar de apresentar o campo de sensibilidade em texturas mnêmicas – sensações, dores, alegrias, lutas, lutos e mais; trata-se de momento respeitoso, cuidadoso e que consagrada a expressão oral da memória. É um momento democrático por excelência, pois o entrevistado oferece opinião, sensibilidade e visão de mundo; por tantas razões, o colaborador precisa receber sensibilidade e análise equânime.

> Ainda que a narrativa possa ser submetida à crítica posteriormente, o momento da entrevista é caracterizado pela relação empática entre *oralista* e *colaborador*. Antecipações são evitas por respeito à expressão oral da memória e aos procedimentos previstos no projeto.

Reconhecendo a voz que o entrevistado já tem, dar-lhe ouvidos é gesto humanizado e mobilizador da consciência, assim como da atenção à escuta sensível. Por isso, sugere-se que as entrevistas sejam presenciais ou que, pelo menos, a primeira entrevista seja feita em uma ocasião de encontro entre *oralista* e *colaborador*.

No caso da história oral, fala-se em entrevista específica que segue os rastros de um projeto armado para promover escuta, materialização, autorização e eventuais análise e crítica. As entrevistas de história oral não têm, por lógico, urgência de suprimento conteudista e, por outro ângulo, tendo um importante caráter público, não são confundíveis com atividades publicitárias: não são feitas em um dia para serem publicadas no outro. Entrevistas de memória de expressão oral, portanto, são mais longas e menos limitadas por pautas ou pelas urgências do momento; são oportunas para se pensar vidas, temas, testemunhos, tradições, traços do cotidiano. Nada distante, as entrevistas fazem vibrantes as narrativas históricas porque levam a experiência para o interior dos processos diacrônicos. De outra forma, sabe-se que uma coisa é falar "sobre" o torturado, ex-preso político e exilado ou "sobre" uma vítima da catástrofe de Chernobyl, mas outra é falar "com" os afetados ou em colaboração, mediação, com eles: isto, por lógico, sem a exclusividade do pretenso compartilhamento academicista de autoridade, senão com o reconhecimento da autoridade de fala do outro. Em razão da natureza do trabalho com memória de expressão oral, as entrevistas se apresentam em diálogo com a historiografia ou com outras áreas do conhecimento formal.

> A entrevista em história oral centraliza o *colaborador*, dando-lhe possibilidades de protagonismo e livre exercício da *performance* narrativa. Convém firmar que o entrevistado colabora com a pesquisa, não sendo reduzido às condições de "objeto", "informante", "ator" e "depoente", entre outras.

Para fazer entrevista de memória de expressão oral, sugere-se o seguinte roteiro:

1. Elaboração de uma pergunta de corte comum ao conjunto dos colaboradores;
2. Decisão sobre a realização de outras perguntas ou a utilização de estímulos à narrativa dos colaboradores;
3. Uso de estratégias específicas para além das entrevistas convencionais, com abordagens concebidas caso a caso ou, por exemplo, com objetos biográficos.

À guisa de reforço, a mencionada *pergunta de corte* assegura um ponto de partida de acordo com escolhas temáticas realizadas no projeto. Serve, pois, como uma interposição que garante intersecções de pelo menos uma questão basilar do entrevistador e as preocupações narrativas do colaborador. Nada obstante, a quantidade de perguntas precisa ser dosada de maneira adequada porque o excesso de questões pode inviabilizar a fluidez da entrevista, assim como a maneira orgânica e algo natural de como a seletividade mnêmica é operacionalizada. Sugere-se a utilização ponderada de estímulos que podem ser frases reticentes, curtas e inconclusas ou lembranças e ideias pontuais, intersubjetivas, que aguçam o entrevistado ao preenchimento do espaço de escuta pela fala. No entanto, os estímulos podem seguir ao ordenamento gestual: mexidas de mão, sinalizações com a cabeça, inclinações do corpo, entre outros.

> Recomenda-se invariavelmente delicadeza nas abordagens, sobretudo quando se trata de pessoas submetidas à episódios de violações de direitos humanos. A mesma recomendação vale para quantos foram agredidos física e psicologicamente, como nos casos de violência doméstica e situações traumáticas que ofereceram riscos à vida do colaborador. Nesses casos, o respeito às reservas silentes, ao pranto e o cuidado com as perguntas são sempre ressaltados.

Escutar, na plenitude do esforço, envolve interesse e atenção que, por vezes, são mostras corporais do ouvinte. Se interrupções e excessos de perguntas podem apresentar inconvenientes, a criação de diversas estratégias como a entrevista feita com o uso de objetos biográficos contribui para a organização das lembranças e a invocação mnêmica por meio da recordação afetiva. Assim, objetos como quepe do militar, mbaraka do indígena, álbum de fotografias da família, trilha musical, entre outros, conferem nova dinâmica em determinados momentos da entrevista. Porque, em todas as situações, entrevista é momento de valorização do colaborador em sua condição expressiva verbal – o que se faz com incursões no campo de significação do próprio narrador. O recurso dos objetos biográficos remete à vida própria de quem conta sua história antes de atender às demandas dos pesquisadores preocupados com hipóteses dimensionadas de formas variadas.

Comumente, algumas pessoas consideram não dar entrevista porque julgam não ter destaque social que garanta a importância da narrativa; outras não se consideram capazes de fazê-lo. A assimetria social tende a relegar um conjunto de pessoas às posições inferiores nos espaços de fala, mas a história oral tem o potencial de valorização das histórias de pessoas comuns porque, por motivos diversos, almeja a proposição de políticas públicas e a escuta empática. Ao serem ouvidos e gravados, contudo, os colaboradores reconhecem a importância da expressão oral de suas memórias e identidades. Afinal, entrevistas demonstram a inclinação do nosso tempo em ouvir e valorizar histórias de pessoas. Cada vez mais, com a memória de expressão oral, as histórias das pessoas despertam interesses em outras. Por motivos variados não falta quem queira ouvir, ler e contar a história de alguém.

CADERNO E REGISTRO DE CAMPO

Há pouco tempo se falava somente em *caderno* ou *diário de campo*. Os antropólogos que incorporaram a prática fizeram do caderno de campo – com razão – um suporte imprescindível para registros de pesquisa. De igual forma, parte significativa dos oralistas foi instruída a usar caderno de campo para considerações gerais da e sobre as incursões no campo. Atualmente, registros em suportes digitais como tablets e laptops são comuns, embora não excludentes do caderno de campo – preferência entre os pesquisadores adeptos da prática.

Antes das entrevistas, os registros sugerem expectativas, intenções e motivações tanto sobre a trajetória do projeto, quanto sobre as gravações a serem realizadas. Depois das entrevistas, contudo, os registros são comumente sobre as impressões, as experiências e os detalhes das performances narrativas. Com isso, sabe-se que os contatos e diálogos preparatórios para as entrevistas importam para a compreensão do percurso na constituição das redes em história oral. E os aspectos diversificados dos encontros com os narradores, dos lugares onde foram gravadas as entrevistas e das performances narrativas dos colaboradores conformam importantes partes para a avaliação geral do projeto em andamento.

O caderno de campo e outros suportes funcionam sempre como uma espécie de diário íntimo, com registros diversos que significam os momentos do pesquisador e da pesquisa. Há quem escreva sobre dramas e circunstâncias que contextualizam o momento no qual as entrevistas foram feitas e quem priorize os detalhes para fomentar interpretações diversas. De toda forma, para quantos pretendem fazer história oral partindo de um projeto, o caderno de campo ou os registros de campo em suportes digitais são elementares.

> Recomenda-se que o *caderno de campo* seja lido apenas pelo diretor do projeto de pesquisa e seja assim considerado um registro particular, individual, espaço para sinceras opiniões, impressões, entendimentos, sentimentos, dúvidas, dificuldades e possibilidades para o projeto.

A propósito, os registros de campo servem sempre às análises de entrevistas. Quando se tem registros acurados do campo, o pesquisador procede de forma comparativa entre o que pensou, refletiu ou percebeu no momento da entrevista e no momento analítico em que pode colocar lado a lado as histórias para formular perguntas, desnaturalizar, interpretar. De uma forma ou de outra, os registros de campo são importantes para acompanhar a mudança na compreensão do próprio pesquisador sobre as dinâmicas transcriativas das entrevistas e do projeto. Aliás, o *caderno de campo* evidentemente não é a entrevista propriamente dita e, embora previsto, não faz parte do projeto: trata-se de um registro intermediário entre a concepção do projeto, sua execução e a análise das entrevistas.

Os registros de campo servem, da mesma forma, para a composição da história do projeto, quando posto no início de um texto balizador que é resultado de investidas em história oral. Para a composição da história do projeto, conta-se, pois, a sua trajetória desde a concepção da ideia inicial da pesquisa até as transformações do percurso. Na *história do projeto* o oralista escreve, contextualiza e explica as suas razões para a realização da pesquisa ou as modificações sentidas, e, para tanto, diversas informações são lembradas apenas porque foram registradas de alguma forma. Salienta-se, entretanto, que com o passar do tempo as lembranças do oralista são espontaneamente atualizadas e negociadas por outras invocações mnêmicas que não sofrem dissolução quando registradas em suportes nos momentos pré e pós-entrevistas.

LEITURA COMPLEMENTAR:
Entrevista como trânsito

As concepções errôneas de que a entrevista é um procedimento sinônimo à história oral e que a história oral consiste em fazer entrevistas foram ao longo do tempo descredenciadas por uma prática. Entendida, porém, como sendo um conjunto de operações, a entrevista é das operações determinantes da história oral. Muitas outras investidas acadêmicas ou de searas distintas são consensual e corriqueiramente chamadas de entrevistas, no entanto as gravações derivadas de um projeto específico de história oral configuram operações próprias desenhadas sobre os contornos particulares da palavra, da escuta, da performance.

Em âmbito epistemológico, discutiu-se com vigor o estatuto da história oral: se é "ferramenta", "técnica", "metodologia" ou, alternativamente, "disciplina". Se classificada como "ferramenta" ou "técnica", a *entrevista* é imediatamente compreendida em seu caráter utilitarista com base em propostas de complementação do *corpus documental* e consequente subalternização diante das fontes consideradas "fiáveis"; quando a história oral é reconhecida como uma "metodologia" ou "disciplina", o oralista precisa determinar de que maneira a entrevista é, por conseguinte, concebida – o que faz diferença em perspectiva operacional. Existe pouco espaço para a atuação coadjuvante da entrevista e de consequente disputa pela "nobreza hierárquica" no interior de seriações do *corpus documental* quando a história oral é tratada nas molduras de uma "disciplina", cujo campo de pesquisa é a memória de expressão oral.

Ao evitar, então, quaisquer definições de entrevista como se fosse um fim em si mesma, foge-se igualmente das designações utilitaristas, esquemáticas e mecânicas do ato narrativo. Sem ser suficiente afirmar que os questionários enrijecem as entrevistas de história oral por provocarem esquematismos e mecanicismos seguidos de uma memória emparedada ou enquadrada, a entrevista pode ser compreendida como uma espécie de trânsito. Entrevistar é transitar, é movimentar, na medida em que um colaborador se abriga no oralista e o oralista nele na constituição da escuta; na escuta abrigada e no abrigo da palavra, contudo, os presentes – nos deslizes subjetivos – permitem visitas em si, em seus avessos, nos versos, nos reversos e se apresentam nas narrativas de prazeres, dores, frustrações, êxitos e em visões de mundo cadenciadas pela voz. Intersubjetivamente, o trânsito acontece entre escuta, palavra, estímulos e, por isso, nos deslocamentos de si em relances fugidios ao esquema endurecido de perguntas e respostas.

O oralista, quando transita na execução de projetos, sustenta e abriga na potência da palavra a estética simultaneamente encandecida pela função social de entrevistar, assim como se torna outro: recriado pelas entrevistas, com frequência atende demandas de empatia. Assim, na luta, na lida, no luto, faz-se o abrigo do outro no compartilhamento relacional de si pela voz em trânsito enquanto se vai sofrendo modificações profundas: algo como: mudar de ideia, transformar interiormente ou mudar de pensamento. Assim, os reducionismos da história oral à entrevista, que, com segurança, é um procedimento indispensável, seguidos por vassalagem da verbalização e ao seu respectivo encolhimento estatutário, podem culminar em minoração do lugar destinado à memória de expressão oral, relegando-a à condição subalterna de instrumento de pesquisa e ao utilitarismo de mero empreendimento mecânico. Convém pôr em xeque a pesquisa entendida em ditames burocratizados.

A entrevista requer certa sensibilidade do encontro associada aos acolhimentos mútuos que nada prejudicam em eventuais análises e críticas posteriores. Nesse sentido, destaca-se a entrevista como ato relacional de perspectivas trocadas em diálogos quase sempre espontâneos.

A alternativa da entrevista como trânsito contribui para o desvio de um pior estado de coisas, que é: o risco de reificação da memória enquadrada e da diminuição do colaborador à condição produtivista de objeto. Assume-se, portanto, um "objeto", quando subsiste como humano, como gélida "ausência de presença"; sendo que, na perspectiva da história oral, uma presença se instaura pelo resgate da aura de uma entrevista e requalificação do colaborador como agente social complexo. Depois de transcrita, textualizada, transcriada e finalmente validada, a entrevista se torna uma obra de arte analisável – em termos benjaminianos – com função social definida. Ressalva-se que as críticas que resistem à preponderância dos heróis e à impermeabilidade de suas armaduras são bem-vindas e desejáveis quando se trata de análise. Como trânsito, porém, a entrevista pode ser um reestabelecimento aurático solenizado pela relação entre a palavra e a escuta.

Nuclear em projetos variados, a entrevista, posta ao lado de outros procedimentos subsumidos em face da verbalização de narrativas, permite questionar a plausibilidade de se realizar uma história oral em sistema de subserviência epistêmica, de um "apenas" ou de "vassalagem" disciplinar para, então, demonstrar tão somente o quão veraz é uma hipótese de pesquisa em face de histórias pouco espontâneas. Um projeto de história oral bem construído pouco apresenta justificativas baseadas em ausências de documentos escritos ou, simplesmente, por causa de lacunas de documentos incidentes em perímetros temporais. Ulteriormente, partir das entrevistas transcriadas se torna uma prática virtuosa quando a memória verbalizada é um campo privilegiado pela história oral.

PASSAGEM DO ORAL PARA O ESCRITO E GUARDA DE DOCUMENTOS

*O importante não é a casa onde moramos,
mas onde, em nós, a casa mora.*

Mia Couto

A gravação da entrevista em história oral – apesar de importante etapa do projeto – não equivale como término do percurso, e, tampouco, mostra-se pronta para ser transplantada em textos acadêmicos. Antes, a entrevista é meio para se atingir a materialidade documental pretendida e não lugar de chegada. O *status* de documento é assegurado para a entrevista tratada e formalmente autorizada.

Depois da gravação, existem procedimentos para a materialização que se referem à passagem do código oral para o escrito: todo o processo é feito com critérios a serem apresentados. A recomendação passa por quatro fases distintas, que são: transcrição, textualização, escolha de tom vital e transcriação – procedimentos a serem ponderados nesta parte.

Depois de transcrever, o oralista deve promover a conferência do escrito junto com o colaborador. A conferência do produto escrito é etapa fundamental. Negociadas permanências e impermanências de componentes textuais, o diretor do projeto de pesquisa avança para a fase de validação e legitimação da entrevista a partir da assinatura de Carta de Cessão de Direitos Autorais. Feita documento do ponto de vista jurídico, qualquer entrevista pode ser percebida na relação colaborativa que implica autorias conjugadas.

Para encaminhar propostas reflexivas sobre as habilidades transcriadoras – matéria de necessidade para quem considera que a entrevista não se encerra no dito, *ipsis litteris* –, "Transcriação: as metamorfoses do texto" é encete de apoio sobre como recriar o documento em fase de materialização.

TRANSCRIÇÃO

De forma objetiva, *transcrição* equivale à passagem dos enunciados orais para o código escrito o mais próximo possível de como foram emitidos. Os fonemas são invariavelmente ordenados na sequência e apresentados como texto fixado, estável. A equivalência do oral para o escrito, na passagem dos códigos, pretende atender à concretização da forma oralizada. Os ritmos e as cadências, portanto, devem corresponder como se uma expressão fosse materialização da outra.

Na *transcrição*, prima-se pela correspondência entre sons emitidos pelos narradores e gravados por meio de artefatos tecnológicos – áudios somente ou material audiovisual –, provocando um novo estado para o texto. Transpostas na chave do esforço literal, a grafia corporifica o oral, permitindo, pelo novo suporte, registros de consumo como recursos capazes de melhor e mais facilmente provocar o trânsito compreensivo. Permitem-se, assim, outras variações ou adaptações textuais.

> Dizendo de outra forma, transcrever é o exercício de correspondência da estrutura dos enunciados verbais transpostos para a solução escrita em equivalência imediata e imitativa.

Há segmentos que se contentam com esta fase – do oral para a transcrição – defendendo que a passagem em questão seria suficiente para reproduzir os argumentos e as situações gravadas. Existem, em paralelo, aqueles que defendem continuidades do processo, valorizando, além do emissor, a recepção ou leitura de entrevistas em critérios mais elaborados.

De toda forma, na transcrição, a memória de expressão oral mostra-se imitativa da sonoridade e de sua correspondência item por item, detalhe por detalhe. O contorno gráfico lhe garante suporte fixo que passa a ser o objeto de reflexões. Importa nesse caso o conjunto dos sons gravados, sem mudanças no padrão, na ordem ou na qualidade vernacular. Então, todos os sons registrados na gravação devem ser considerados, mesmo aqueles alheios ao diálogo. Ruídos estranhos às falas compõem o ambiente: interrupções como campainha, toques telefônicos e latidos fazem parte das considerações nesta etapa. Em termos da voz humana, os fonemas são vertidos em sinais gráficos convencionais do alfabeto, caracterizando as materializações *ipsis litteris* ou, como se diz popularmente, "tintim por tintim"

> *Transcrever* é o esforço de reprodução literal de um áudio. Como texto materializado, a transcrição inclui todos os sinais emitidos e ruídos presentes na gravação. A transcrição tem por referência a forma de expressão usada no plano coloquial e, assim, acata variações da fala, repetições, equívocos que na norma culta não tem cabimento.

Em termos técnicos, a voz e mesmo as suas modulações fonéticas, com altos e baixos, são tidas como escuta de passagem e cumprem a finalidade de expressar o conteúdo da fala deflagrada pela memória emitida oralmente. Além disso, a escuta de passagem ambiciona dar destino para outras possibilidades desejáveis como escritas mais sofisticadas, que, agora, visam a uma melhor recepção e interpretação das mensagens. A transcrição, portanto, é um primeiro passo para a construção de um documento em história oral, mesmo que para alguns seja o fim do processo. No plano da transposição do oral para o escrito, a transcrição é ato fundacional porque garante o sentido prático do registro oralizado.

Ainda que seja comum, não é correto supor que mera a *transcrição* corresponda à inteireza da história oral. A transcrição pura e simples é almejada por alguns grupos de linguistas ou quem as faça por um critério já antigo de suposta "fidelidade", mas existem áreas que sustentam alternativas, pois o que interessa é um texto aprimorado e isso leva às outras etapas dos projetos de história oral, a saber: *textualização* e *transcriação*. Da transcrição, ressalta-se de que se trata mais de um ato mecânico do que propriamente interpretativo, pois a análise de entrevistas é condição à parte mesmo na feitura do documento conforme os passos subsequentes.

TEXTUALIZAÇÃO

Em termos práticos, pode-se dizer que a transcrição olha para dentro da narrativa oral e a transpõe na ordem do dito. Outras fases subsequentes – *textualização* e *transcriação* – olham para fora. A partir da *transcrição*, o texto básico permite aprimoramentos que evidenciam mais do que certa fidelidade que estaria presente na transposição de palavra por palavra. O que interessa é a boa recepção do escrito, fato que implica pensar que as ideias são mais relevantes do que a transposição perfeita de palavras. Em razão das diferenças entre o oral e o escrito, são requeridas adaptações para uma maior clareza do produto textual. No circuito de procedimentos colaborativos, coloca-se em questão o direito de "interferir no texto" com ética, rigor e busca de comunicação com o público receptor.

Tendo-se no horizonte que a expressão da ideia é mais relevante que a "roteirização" da entrevista transformada do oral para o escrito, faz-se importante manter a lucidez do texto que, por sua vez, precisa ressaltar as mensagens pretendidas pelo entrevistado. Clareza é o mote diretor da reconfiguração do texto, procedimento que, contudo, demanda critérios e explicações aos leitores interessados em ponderar sobre o papel do emissor/colaborador que deu a entrevista, bem como do mediador/

responsável pelo projeto. A intencionalidade do oralista, nesse sentido, inclui em seu campo as entrevistas tratadas que necessariamente visam os destinatários, quer sejam acadêmicos ou públicos mais amplos.

Tomando-se como ponto de partida a transcrição, o próximo passo, desencadeado pela insuficiência da correspondência entre o falado e o grafado, indica a busca do entendimento adequado do que o colaborador quis dizer na gravação. O texto pode ser considerado claro quando as mensagens do emissor estiverem articuladas segundo uma objetividade que se rende ao entendimento, condição evidenciada pela lógica da ideia central muitas vezes perdida nos meandros da narrativa oralizada. Não há, então, nesses moldes, como o mediador da produção textual evitar a interferência, pois, todo o texto, depois da transcrição, é "mexido". Vale ressaltar que as alterações em história oral não se equivalem às regras de edição ditadas pela prática jornalística. Coisa igual se pode dizer da inevitável necessidade de autorização, ou legitimação, que deve ser concedida pelo colaborador que deu a entrevista.

A *textualização* se caracteriza pelo reordenamento das ideias emitidas pelo entrevistado, independentemente da ordem em que ele as expôs. Para tanto, é importante um reescalonamento das frases, as quais poderão sofrer alterações na exposição textualizada. Se na fluidificação oral as frases se perdem soltas em uma temporalidade que persegue as lembranças recompostas, na textualidade os eixos organizadores sobressaltam, pois, ao reclamarem pela lógica da concatenação argumentativa.

> A favor da boa *textualização*, recomenda-se, com renovada ênfase, a mudança da pontuação convencional para que o entendimento do sentido da fala seja preservado.

Porque se busca melhor compreensão, o uso de interjeições, exclamações e principalmente de reticências é recomendado; isso se faz em favor do esforço da suposição das condições em que as entrevistas foram colhidas.

A proposta de pontuação adequada se rende à necessária teatralidade das narrativas orais transcritas, em que o "querer dizer" pode não se esgotar no "dito". É preciso, por meio da busca de autenticidade do sentido da narrativa, propor "pausas respiratórias", usar das interjeições, interrogativas e exclamativas. E as reticências, nesse caso, são fundamentais para dar ritmo – para sugerir pausa reflexiva – aos textos transpostos para o escrito. Também é significativo nessa etapa, além da coerência, buscar a coesão, pois o leitor deverá ser compensado com uma leitura lógica dos fatos e de acontecimentos esparramados na narrativa original. Existem casos em que as repetições são convenientes para exemplificar a intenção de reforço das ideias do colaborador, mas o que se reivindica é nada menos do que a fluidez da leitura dos receptores.

> *Textualizar* é uma operação que se refere à reflexão sobre os pontos de partida e de chegada das entrevistas. Em outras palavras, recriam-se os ambientes de quando foram concedidas as entrevistas.

A coerência nos diz da organização das partes para formar o todo do texto. As entrevistas precisam ser harmônicas e unitárias, pois, assim como no caso de outros tipos de produção textual, busca-se sentido conjunto, não somente em frases esparsas. Ainda que a textualização não seja o destino ulterior do documento em fase de confecção, trata-se do exercício do que se chama de empatia textual: ou seja, de colocar-se no lugar do colaborador e, de forma concomitante, no lugar do leitor em gestos de mutualidade. Nesse sentido, impõe-se a noção de trânsito entre códigos. Sob esta condição é que o mediador se autoriza ao rearranjo textual.

Para quantos pretendam transcrever, a textualização é uma passagem relevante por ser articuladora entre o emissor e os receptores dos códigos distintos. Dessa forma, toca-se questão da autoria, pois se questiona: de quem é o texto produzido a partir da textualização? E as respostas vêm por meio do reconhecimento: a história é do emissor que legitima por meio da autorização o produto, porque, além disso, importa ressaltar que a entrevista carrega responsabilidades jurídicas do diretor do projeto.

> *Textualizar* é dar padrão textual à *transcrição* do produto gravado. Tornar o texto compreensível para os leitores interessados é um exercício mediador em que se pretende transitar nas paisagens distintas da pesquisa.

TOM VITAL

Em termos práticos, é durante a textualização que se define a indicação do tom vital de cada entrevista. Sugere-se que, para encontrá-lo, a gravação seja ouvida e que seja lido o texto da transcrição tantas vezes quantas se fizerem necessárias. Não raro, o tom vital se localiza ao longo da entrevista – depois de alguns momentos de fala –, condição para que o colaborador tenha expressado argumentos que garantam um posicionamento interpretativo. Como o nome indica, tom vital é centro ou síntese da visão do narrador e, por isso, tem que ser distinguido como recurso capaz de orientar as operações da textualização. Há situações mais difíceis de optar pelo *tom vital*, mas o esforço desta definição é crucial e apenas depois de tê-lo definido é que se altera o texto nos termos da textualização. Tom vital é guia.

> Entende-se o *tom vital* como eixo narrativo, sintetizado em uma frase que serve para a entrevista como uma coluna vertebral. É o *tom vital* que serve de guia para a *transcriação* textual. Para as entrevistas o *tom vital* equivale ao título do *projeto*.

A formulação do *tom vital* caracteriza-se pela escolha de uma frase concisa, explicativa, potente, habilitada para dar sentido às mensagens emitidas pelos colaboradores individualmente. Isso, além de conferir sustentação definitiva para o corpo argumentativo, permite um critério para a manutenção do que pode permanecer e do que deve sair da entrevista textualizada. O *tom vital* justifica os parâmetros e os elos das partes de uma narrativa – é exatamente por isso que se destaca e que se autoriza usá-lo como guia que confere a verticalidade necessária à textualização e à leitura da entrevista. O *tom vital*, em outras palavras, é o fio da meada para os encaminhamentos da textualização; trata-se de um duto que conduz à transcrição com critérios para intersecções e interligações dos argumentos segundo a lógica compreensível no código escrito. Assim, as repetições, as manutenções de cadências narrativas circulares, os retornos, os esforços de fixação de argumentos centrais da entrevista são elementos que contribuem para a identificação do *tom vital*.

Na sequência, suprimem-se as perguntas ou estímulos da elaboração textual. Ao serem retiradas as circunstâncias dialógicas, sobressai-se, então, o protagonismo do *colaborador*. Nesse momento da operação textual, a solução literária ou estética se impõe, garantido, contudo, apego às ideias e não à literalidade. O protagonismo do narrador, por seu turno, é garantia de que, embora o pesquisador exerça a função de mediador, mantém-se como uma espécie de presença ausente. O resultado dessa operação num texto claro assegura não apenas a fluidez da leitura no construto uniformizado, mas igualmente uma transposição criteriosa da oralidade para o escrito.

Durante a textualização se faz importante corrigir os equívocos gramaticais, mantidas as proporções convenientes para cada caso, porque se recomenda não apagar complemente as marcas de falas. No caso, por exemplo, de entrevistas com estrangeiros que não dominam o idioma da entrevista, deve-se conservar apenas algumas características. De igual maneira, são excluídas as palavras sem peso semântico ou vazias de significados. Sons e ruídos alheios à entrevista são igualmente suprimidos com exceção daqueles emitidos pelo narrador, como as onomatopeias, para garantir a compreensão dos enunciados.

É justamente na *textualização*, portanto, que o oralista se certifica – como mediador – que as especificidades do arranjo textual sejam estabelecidas sem aniquilação dos retraços da oralidade. Requer-se a habilidade de um artesão das palavras. Ruídos e exposições vexatórias ou comprometedoras dos narradores, bem como excesso de palavrões, que podem se justificar na oralidade, são, porém, evitados. Recomenda-se que de forma revivescida não se perca as particularidades da memória de expressão oral, cuja enunciação é livre de critérios estritamente textuais. A dosagem correta na mediação do oralista deve indicar equilíbrio de compreensão do produto e da sofisticada combinação, nem sempre pacífica, da oralidade com a escrita. Tal dosagem decorre de entendimento das operações e, ao mesmo tempo, de certa destreza aprimorada pela prática.

Ao final do processo de textualização, o oralista precisa apresentar um texto límpido e que tenha em seu horizonte a coesão e coerência entre os argumentos realinhados. Da coesão se destaca o nexo na uniformidade produzida pela *textualização*: a ligação entre as frases e entre as palavras, bem como entre os sons variados e os ditos que produza vinculação, lógica, elo. Sobre a coerência, faz-se preciso conceber que as ideias, que os pressupostos, que os pensamentos estejam interacionados de modo a enfrentar o complexo de letras: interseccionar se faz necessário. Trabalha-se, na textualização, não com um ideal de "fidelidade especular", mas com a produção do sentido da presença no universo das letras.

TRANSCRIAÇÃO

Ato contínuo ao processo da produção de um texto final derivado de entrevistas, segundo os procedimentos adotados pelo Núcleo de Estudos em História Oral da Universidade de São Paulo (NEHO/USP), o resultado material da transcriação é o documento a ser referendado pelo *colaborador*. Como conclusão do percurso, a *transcriação* se caracteriza pela qualidade textual aperfeiçoada a partir da superação das etapas anteriores, da transcrição e textualização; no entanto, não se diz de aperfeiçoamento como ajeite. Transcriação é mais do que ajeitar: é reimaginar, recriar, refazer. Se fosse tela artística a ser transcriada, seria necessário repintá-la para chegar ao destino visual acabado. Em história oral, a sofisticação apresentada no ato transcriativo não remete o leitor a um texto descaracterizado, tampouco desfigura feições narrativas do colaborador. Ao contrário, procura-se por aprimoramento na recriação para tornar o produto competente no que tange a comunicação de ideias, de pensamentos, de sentimentos.

> Teatralizando o que foi dito, recriando-se a atmosfera da entrevista, almeja-se transmitir ao leitor o mundo de sensações provocadas pelo contato, e como é evidente, isso não ocorreria reproduzindo-se o que foi dito palavra por palavra.

De saída, convém deixar claro que o texto transcriado não corresponde ao enunciado verbal que lhe deu origem, na gravação. O texto final é resultado aprimorado de acordo com a ambiência da entrevista. Enfim, o fruto da transcriação, ao cabo, precisa ser autorizado pelo colaborador. A legitimação do texto apenas pode ser posta a público depois da assinatura da "Carta de Cessão de Direitos Autorais" pelo narrador, que, aliás, deve se reconhecer no texto final. A mudança de um código (oral) para outro (escrito) supera os anseios simplificadores que imaginam a transferência absoluta de um estado de expressão (a fala) para outro (grafado).

> O cuidado estético com a apresentação do texto final, além de significar respeito ao colaborador, traduz o trabalho de mediação entre emissor e receptor ao consagrar a premissa de que o oral não é espelho do escrito.

Existem grupos que argumentam em favor de entrevistas mediadas por interações virtuais, mas evidenciam-se graus de impessoalidade nesses casos. Convém lembrar que mesmo feitas à distância, as entrevistas orais mantêm algumas características, o que difere em essência de entrevistas escritas e mediadas ou não por máquinas. Essa obviedade remete aos critérios voltados às passagens de um código a outro, do verbal para o sinalizado por meios gráficos. Fala-se, então, de alternativas decisórias e transparentes na indicação dos critérios de tratamento dos textos.

Outros grupos optam pela transferência "exata" da transmissão do que foi falado para o escrito, e, então, para esses, não compete avançar além da transcrição. Segundo essa alternativa, pensando-se na correspondência imitativa do gravado vertido para o escrito, detalhes como risos, lágrimas, entre outros, são assumidos como acidentes da narrativa e, no máximo, aparecem na transcrição entre aspas ou parênteses: (risos), (lágrimas), (ruídos). Pela opção transcriativa, já na textualização as manifestações emocionais, por exemplo, devem ser resolvidas, ou seja, no texto burilado, tais marcas desaparecem e a plenitude da transcriação permite liberdade para que o sentido da entrevista se expresse pelas ideias realinhadas. Uma alternativa é integrar à entrevista as expressões subjetivas para que fiquem claras as manifestações de risadas e lágrimas – entre outras. Em busca da compreensão da língua falada, a transcriação induz coreografias de palavras e signos, conforme sugeriu Haroldo de Campos no caso da tradução poética.

> Toda a recriação ocorre em torno do *tom vital* e da base acertada na textualização. Tal procedimento garante a eficácia da lógica de leitura que vai além da exposição de palavras enunciadas na sequência vulnerável, do ritmo volátil, natural, de toda e qualquer fala espontânea.

A transcriação foge, pois, das soluções que se bastam na transcrição, como se oral pudesse ser tomado pelas mesmas regras que instruem o escrito. As fundamentações dessas diferenças se apoiam em propostas ditadas no Brasil pelos irmãos Campos por volta de 1960, ocasião em que os dois críticos romperam com convencionalismos limitadores da criatividade e apontaram para a impossibilidade de tradução literal de textos de uma língua para outra. A alternativa apontada se abria para o processo transcriativo, que, por sua vez, fazia vigorar a necessidade de mudanças e adaptações explicativas dos referenciais narrativos considerados de uma língua para outra. Falava-se, então, de traduções de poemas.

Em termos de história oral, dado que as narrativas de entrevistas passam por expressões verbais voláteis, soltas e sem interferências de outros sentidos, como o tato, optou-se por emprestar da lógica da transcrição poética ou literária os critérios ajustados para o caso da história oral. Tais critérios comportam os mesmos limites de problemas e, portanto, aplicaram-se os procedimentos para a passagem de um código ao outro. Dessa maneira, em situação de entrevista, perfaz-se um caminho de narratividade reelaborada que não pode prescindir do conjunto de elementos ambientadores da gravação: quando, onde, quantas vezes, quais os fatores presentes que de uma ou outra forma incidem no andamento da entrevista.

> Nenhuma entrevista acontece no vazio de espaço e tempo, o que, de alguma forma, precisa transparecer no texto final. Da mesma forma, os interditos e emoções não explícitas devem compor o texto final.

De regra, na simplificação textual das entrevistas apenas *transcritas*, as considerações ambientais não aparecem. Por meio dos recursos *transcriativos*, entretanto, os aspectos ambientais tornam-se partes inerentes da composição final e devem repontar nos resultados pretendidos desde o início da proposta. Reafirmando que entrevista não é apenas a gravação, tampouco se prescinde da "emocionalidade" que, aliás, é fator preponderante – ainda que nem sempre considerado – em toda situação narrativa. Afirma-se que qualquer entrevista é muito mais do que um diálogo e, portanto, deve incorporar o contexto da fala, bem como as sutilezas que vão além dos fatos narrados. Silêncios, choro, riso/gargalhada, cantigas, receitas, orações, apresentações de fotografias, documentos, entre outras coisas, devem vir combinados com o gestual e com referências a objetos que compõem a cena ou que são expressos muitas vezes de maneira aparentemente marginais ao mote dos encontros.

Nesse sentido, o *colaborador* é presença viva e não um ser complementar submetido à instrumentação ou ao utilitarismo momentâneo da gravação. Valorizado como *mediador*, o entrevistado é, da mesma maneira, elemento de percepção que pode conduzir a entrevista para além de um plano rígido anteriormente estabelecido. Com moderação, atitudes surgidas no andamento das entrevistas podem ler a sondagem ou o aprofundamento de intenções não ditas ou interditas. O entendimento do significado da *transcriação*, nesse tipo de história oral, valoriza ou se conhece como "instante aurático": como a definição do momento mais importante da entrevista, como aquele que qualifica a singularidade de cada gravação como integrante de certa coletividade presentificada.

> A *transcriação* consagra o processo de entrevista e deve responder a boa comunicação com o leitor. A dimensão de *história oral pública* se realiza, entre outras coisas, na ampliação dos leitores e no consumo de histórias pelo grande público. De outra forma, não se pode atuar sem pensar em parcelas maiores de leitores que precisam apreciar as narrativas com potencial de mobilização da consciência histórica.

A aura, razão do *tom vital*, deve traduzir o sentido de toda entrevista. No caso, por exemplo, da perda de ente querido em que o narrador chora ao narrar, mas as lágrimas não aparecem, deve-se interferir no texto e acrescentar, na voz do narrador, expressões como "eu choro quando abordo este tema", ou "nem consigo falar sobre o assunto sem chorar", ou ainda "é como se eu estivesse chorando agora". Certamente, o "momento aurático" da dor vivenciada precisa de ênfase que, por si, justifica a interferência. O fito, nesses casos, é levar ao leitor a ambiência do momento da gravação, ao mesmo tempo em que, sem quaisquer constrangimentos, assume-se a entrevista e a transcriação como ficcionais. Compreende-se a ficcionalidade em seu intento esclarecedor que justifica a mediação autoral. Pois, mesmo em situações de clareza narrativa, existem zonas de opacidade mais conhecidas por lapsos, silêncios e desvios de memória do que por palavras exprimidas em instantes. Aliás, as regiões de opacidade narrativa precisam ser visitadas, com a ajuda do caderno ou dos registros de campo, no momento da transcriação.

Partindo-se da narratividade de ares ficcionais pelo ato de "contar para o outro", a memória de expressão oral se atualiza a cada nova narração e se movimenta no curso das dinâmicas seletivas e afetivas, análogas aos traços contextuais da situação gravada. As palavras nas frases passam, portanto, por transformações na codificação intratextual e, por certo, isso reflete no curso narrativo sempre variado.

> É necessário ter clareza que a *transcriação* é um inevitável ato de interferência na entrevista. Ao deixar a condição oralizada, contida nas gravações, o resultado reflete a colaboração mútua, pois leva em conta a legitimação feita pela *Carta de Cessão*.

Por mais que se pareça com outra dada pelo mesmo *colaborador*, cada entrevista é única ainda que os episódios narrados aparentemente se repitam. A partir dessa premissa, tem-se que a *memória de expressão oral* se permite à recriação cada vez que é contada, o que faz com que os critérios analíticos aos quais é submetida sejam distintos dos estudos genéricos sobre "a memória". A singularidade de cada entrevista cessa quando ela ganha forma definitiva. Ao se tornar texto autorizado, o estado de documento se realiza, mas isso não demanda que a transcriação em textos seja lida e interpretada com os mesmos critérios de documentos cartoriais, entre outros. Contar é elencar os vividos – um a um, nos novelos das novelas de memórias. Tudo para, em seguida, reelaborar a experiência pela fala.

BANCOS DE HISTÓRIAS

Basicamente, existem projetos que se ocupam do registro de experiências individuais ou coletivas que podem servir para futuros interessados. De regra, processos imigratórios, experimentos de grupos ameaçados, eventos socialmente relevantes ou mesmo referências e homenagens em torno de uma personalidade podem se constituir em acervos de interesse público. Os chamados *bancos de histórias* se constituem em recursos fundamentais para registro e guarda de documentos atentos ao futuro. Esse tipo de preocupação tem sido reconhecido como "dever de memória", ou seja, projetos atentos ao registro de fatos, relatos e demais registros que se projetam como importantes para o futuro.

> Apropriada para marcar presença de situações notáveis, ou potencialmente relevantes, os *bancos de histórias* funcionam como recurso apontado para o que vulgarmente se conhece como "preservação da memória".

No caso de trabalho com a memória, e de como serão fundamentados os legados mnemônicos no futuro, os *bancos de histórias* têm como pressuposto basilar a preocupação com o registro e consequente arquivamento de entrevistas. Nesse sentido, os bancos de histórias podem se valer tanto da *história oral de vida*, quanto da *história oral temática*, *testemunhal* ou de *tradição oral*. Alguns exemplos podem ajudar na suposição de séries: pioneiros e fundadores de novas instituições ou mesmo de cidades (ou levas de moradores); participantes de movimentos sociais ou culturais; figuras de destaque em atividades relevantes; pessoas ou grupos assolados por doenças. Na mesma linha, são elencados aspectos como velhos carnavais; festas de padroeiros, rituais urbanos; tradições populares (procissões ou efemérides e festas de significado cívico).

> É importante ter claro que impulsos subjetivos marcam as investidas nos *bancos de histórias*. Ainda que na aparência sobreponham-se temas, essas escolhas ocorrem como transparência de reservas de memória.

Atuam na formulação dos *bancos de histórias* aspectos de organização coletiva de memórias, o que nem sempre é explícito. O teor instintivo do que será importante ser registrado, quase sempre, só é entendido no tempo histórico de uso do acervo. Sobretudo, a vontade ou dever de comunicação com o devir justifica ações que sugerem ênfase na interpretação do momento em que se processaram os registros. Por certo, preside uma mensagem oculta – de continuidade e respeito aos valores "guardados" por entidades preocupadas com a oficialidade dos eventos ou personalidades.

É importante lembrar que as entrevistas para *bancos de histórias* implicam planejamentos cuidadosos. Ainda que os *bancos de histórias* não pressuponham análises imediatas, isso não significa que outros não possam proceder exames futuros baseados nesses acervos. Nota-se que muitas instituições iniciam seus cuidados na organização de tais *bancos*, relacionando seu conteúdo ao acervo de documentação escrita e, dessa forma, aos centros de informação, de documentação ou de memória. Prevê-se a intersecção entre documentos regulares dos acervos diversos e as entrevistas oriundas de história oral para a composição de *bancos de histórias*. Ainda assim, recomenda-se cuidado de não submissão hierárquica dos documentos oriundos da oralidade aos suportes escritos.

A organização de *bancos de histórias* demanda cuidados que se estabelecem a partir de projetos e se inscrevem no âmbito do possível interesse coletivo, em particular com os efeitos dos focos selecionados para composição de acervos. Comumente, os *bancos de histórias* se vinculam a patrocínios institucionais ou a interesses públicos e, portanto, implicam:

1. Planejamento de projetos com o fim específico de registro destinado, principalmente, a leitores do futuro;
2. Coletas planejadas de entrevistas que se explicam no conjunto de interesses presentes, com intenções comunicativas entre gerações;
3. Necessidade de proteção de memórias de vocação oficial ou histórica.

Um dos primeiros cuidados a serem tomados para a elaboração dos *bancos de histórias* visa à sua pertinência e ao seu olhar para o futuro. Em certa medida, os bancos de histórias atendem a uma possibilidade intuitiva de diálogo com interessados que devem levar em conta os recados contidos nos projetos de pesquisa. O risco de celebrações de segmentos dominantes, ou de instituições consagradoras de valores exaltados, é, entretanto, uma constante nesses casos, mas isso não anula pensar que os grupos menos favorecidos e carentes de fontes convencionais fiquem fora de um radar mais amplo. O surgimento de museus municipais ou museus da imagem e do som, centros de memória, de certa forma, respondem a essa possibilidade.

> Por certo, o progresso da eletrônica e o patrocínio de instituições públicas ou privadas favorecem a existência de *bancos de histórias* que devem responder a destaques deixados em favor de uma história a ser contada.

É importante que não se confunda *bancos de histórias* com depósito de entrevistas ou mesmo com os superados "arquivos mortos". No primeiro caso, supõem-se instituições responsáveis pela recolha e guarda do material, segundo projetos próprios. A segunda alternativa aponta para depósito (e eventual guarda) de entrevistas feitas na chave de outros projetos. Quase sempre a situação de depósito de entrevistas remete a pesquisas anteriormente executadas que podem ser incorporadas a patrimônios de memórias. Outro cuidado exigido dos *bancos de histórias* tangencia os compromissos de divulgação, pois os preceitos legais de uso devem ser rigorosamente mantidos ao se preservar a inviolabilidade da pessoa conforme os documentos assinados na ocasião da recolha. O uso de entrevistas em *bancos de histórias* deve ser explicitado na composição argumentativa dos projetos que eventualmente se valem desse recurso.

Atenção especial deve ser dada à solução do texto de entrevista posta a público. Os *bancos de histórias* podem disponibilizar tanto as entrevistas em gravação como suas versões escritas. A situação ideal é que haja o processo de passagem do oral para o escrito logo que possível. Tal recomendação visa dar coerência entre a proposta da entidade mantenedora do acervo com o resultado acatado pelo colaborador que prestou sua fala por meio da entrevista.

Muitas vezes, porém, isso não ocorre por motivos plurais, e, então, por permanecer em estado de gravação oral, as eventuais passagens para o escrito têm de obedecer a limites circunstanciais. Assim, em termos de uso, zelo notável tem que ser devotado ao processo transcriativo que, com alguma frequência, nesses casos, não pode ser levado a cabo. Por preceitos legais, as transcrições, em situações específicas, devem ficar atentas às formas de enunciação. Justifica-se essa exceção pela impossibilidade de se proceder a legitimação por parte do entrevistado.

LEITURA COMPLEMENTAR:
Transcriação: as metamorfoses do texto

A prática de convívio humano obedece à naturalidade de relações evolutivas marcadas por pactos dinâmicos que organizam as relações intersociais. Longo e complexo processo, insidioso e onipresente, a vivência exige explicações. A cultura, fato que dá contorno aos entendimentos e desavenças entre pessoas, é sempre artificial. Como criação, ou ação de criar, a incontrolável dinâmica imprimida pelas proximidades sociais acelera a necessidade de transformações. *Transcriação* é, antes de tudo, a *ação transcriativa* ou ação de transmudar o estabelecido oralmente. Como conquista, a consciência disso arquiteta códigos transparentes em práticas, mandamentos, ordens, leis, tratados que regulam o convívio. O passado, é a matéria essencial para alterações sempre desejáveis. Desde seu sentido original de feições religiosas ou míticas, a formalização dos contratos no chamado "mundo civilizado" é expressa em livros sagrados que ficcionam possibilidades consagradoras do início. E nesse enredo integram tradições dramáticas em que, por escrito, a noção de começo ou de originalidade ganha foro de primazia fundadora. Primeiro fez se luz; a luz como palavra ou verbo divino, segundo o cristianismo.

Antes de definido por escritos/escrituras/mitologias, teriam existidos os pressupostos organizados em narrativas transmitidas oralmente. Ao se "fazer carne", a divindade vira "palavra", e a palavra ganha centralidade formal, escrita. Mudando o eixo de poder, a oralidade passa a gravitar em torno do planeta plástico "por escrito". As legendas quando apareceram se impuseram como força de verdade dogmática, funcionando inclusive como critério de dominação sobre outras tradições ágrafas. Essas religiões que têm seus fundamentos escritos acabaram por ser colonizadoras e isso permite dizer que a palavra escrita é soberana e avassaladora.

Mas, convém lembrar, só depois de consolidados em tradições transmitidas pela oralidade se deram os atributos de institucionalização desses valores que, contudo, fogem de espontaneidades e isso dificulta o exame da produção dessas materialidades. Codificados esses entendimentos requereram estruturação lógica capaz de produzir poder. Assim pode-se entender a função de textos que vão da Tripitaka budista ao Alcorão islâmico, do Livro dos Vedas hindu à Bíblia cristã, passando pelo Analectos de Confúcio, entre outros. A existência de religiões de transmissão oral, mesmo no âmbito da globalização, por incrível que pareça, subiste encontrando caminhos próprios para contornos potentes sob orientações que progressivamente tendem a se submeter a ordem capitalista globalizada.

Ao longo de séculos, portanto, registros plásticos vêm sendo acumulados instruindo alternativas analíticas que superam as fases inauguradoras. Numa ordem racional, o acúmulo de experiências exige forma material que, produzidas, extrapolam a condição da expressão oral. Não que a oralidade venha a desaparecer, mas terá que ser recondicionada e explicada numa sociedade que elegeu a grafia como critério de expressão do poder. A vocação para reciclagem, aliás, é uma das artimanhas da oralidade. A escrita, nesse sentido, se faz como "desnaturalização" de procedimentos que se ordenam na composição dos convívios. Além de corporeidades que respondam às práticas de concretude escrita, a arte e demais expressões que se firmam nos suportes plásticos e ganham o mesmo sentido de acúmulo de informações que se sobrepõem gerando saberes e conhecimentos. Paradoxalmente, é da teoria do conhecimento e da comunicação permitida pela arte, em particular pela literatura, que vem o conceito de transcriação.

"Desnaturalização" e *transcriação* são propostas siamesas que significam a vida tangível que delega, nesse caso, sentido às situações de fluidez oral. Desde que se escolham aspectos a serem valorados com força de comunicação, processa-se um esforço imanente de transformação de seus significados. Fala-se, pois, de níveis: a transcriação do fato/situação e a *transcriação* das expressões verbais individuais. No primeiro caso, os fatos sociais se apresentam como recortes tangíveis, efetuados na possibilidade de registro e, assim, a memória reponta como celeiro gerador de indícios retidos por suas faculdades essenciais: seletividade e potência narrativa registrável. Trata-se, antes de nada mais, de um processo de mudança de códigos, do oral para o escrito, isso depois de passar pelo conjunto de atributos que compõem um fato/situação/tema. As transcriações se dão em níveis de escolhas e se fazem sobre evidências referenciadas. A eleição da matéria sobre o que transcrir – tema, assunto, fato, situações – e como filtrar pela experiência de narradores o enunciado social transvertido para condição material, passa exigir cuidados que demandam reflexões teóricas, as quais, paradoxalmente, são também atitudes trascriativas. Assim, transcriam-se situações de análise e *transcriam-se* narrativas individuais. No mundo da cultura e da vida célere, enfim, tudo é transcriação.

HISTÓRIA ORAL APLICADA E ANÁLISE

A realidade sempre me atraiu como um imã,
me torturando e hipnotizando,
e eu queria capturá-la no papel.
Então imediatamente me apropriei deste
gênero de vozes e confissões humanas reais,
testemunhas, provas e documentos.
É assim que eu vejo o mundo – como um coro
de vozes individuais e uma colagem
de detalhes diários.

Svetlana Alexiévich

Qualquer proposta de registro ou análise em memória de expressão oral só se consuma depois de cumpridos os propósitos delineados no texto. Até a devolução das entrevistas individualmente e observado o cumprimento dos objetivos o projeto não deve ser apresentado como resultado. O conjunto de procedimentos que medeiam a conclusão da proposta mostra-se como aplicação de sugestões atentas ao modo de fazer. Todos os procedimentos, então, são aplicações consideradas como aportes metodológicos. O atendimento às demandas de organização das propostas, além de cumprir etapas práticas, exigem outros cuidados que precisam ser observados. Além dos zelos éticos – fundamentais para o respeito aos colaboradores –, existem questões sérias decorrentes inclusive de imposições jurídicas. Direito à imagem e atenção às leis devem ser elementos observados sob o risco de problemas que podem comprometer todo o projeto.

A par das questões de direitos, deve-se considerar o dever moral de quem lida com memória, pois a relevância do projeto se mostra a partir do esforço de transformação de circunstâncias que não seriam registradas se não fossem os empenhos de oralistas. Tirar do estado de inexistência e propor vida a situações que se concretizam na organização de qualquer proposta equivale a desnaturalizar – e dar outra natureza, concreta, material, documentada – aos fatos e situações soltas no transcorrer dos acontecimentos reelaborados pela memória.

Além da produção de narrativas, suas finalidades devem dirigir a atenção para os usos das entrevistas e alternativas analíticas encontradas no âmbito da história oral. Percebe-se que, além de bancos de história, a dimensão da análise aquilata as possibilidades em face de histórias que podem ser colecionadas não como meros exemplos, mas como explicadores da sociedade. É nesse terreno que atuam as posturas em favor da aplicação da história oral. Há critérios de usos que, afinal, justificam os procedimentos teóricos. A vocação de todos os projetos em memória de expressão oral se endereça para a dimensão pública de histórias. Como Leitura Complementar, segue "Toque, sensibilidade e memória aplicada" para suplementar a proposta ensejada em novas sendas.

HISTÓRIA ORAL COMO FIM OU COMO MEIO

A memória de expressão verbal em seus diferentes percursos projetados na história oral não se restringe à vida universitária. Considera-se perceptível, portanto, que diferentes segmentos lancem mão da história oral, visando à conquista e à dinamização de direitos ou do exercício ampliado da cidadania. Nesse sentido, as aplicações de história oral, e a partir da história oral, são disseminadas pela instauração de certa prática. O sentido democrático e a vocação pública da história oral fazem dela recurso de abrangência ampla, o que resulta em sua aplicação em situações diversas e por vários segmentos. Evidentemente, valoriza-se o emprego de procedimentos de história oral a partir da academia; tanto nos cursos de História, quanto nos mais variados campos circunvizinhos, a história oral se apresenta disciplinada e dirigida às dimensões mais efetivas da articulação mnemônica. O que difere em casos distintos são basicamente os filtros operacionais, os interesses múltiplos e os enquadramentos teóricos escolhidos. Ainda assim, as histórias têm a possibilidade de alcance das amplas audiências, sendo, inclusive, produzidas com conjuntos de colaboradores ouvidos: pretende-se que os públicos consumidores de histórias sejam atingidos não somente pelos retraços estéticos e pela fruição da leitura, mas pela responsabilidade social expandida. Destaca-se que, desde o conceito nada recente de colaboração, a história oral proposta visa à atitude conjunta que prima por "fazer com".

Além dos gêneros narrativos e tipos de captação da memória oralmente exprimida, pensando-se nos bancos de histórias, tem-se – em caso de seriação das entrevistas – no *corpus* documental, uma forma determinada de registro que combina dois fins: um imediato, por meio do simples arquivamento, e outro decorrente que acompanha sempre os comprometimentos de divulgação ou utilizações por terceiros. Essa reflexão implica definições em face da história oral como fim ou meio. No caso de história oral como fim, a proposta limita-se à constituição de séries arquivadas, mas que, de igual forma, apontam para um potencial uso por terceiros no futuro.

Reverso do uso de entrevistas como fim, verifica-se o caso de aplicação como meio com imediato encaminhamento para análises. Deve-se, nessa alternativa, partir para a consideração da entrevista como *corpus documental* provocado. Cabe salientar que a memória abriga registros reelaborados segundo critérios de filtragem pessoal, explicados no âmbito social e sempre coletivo. A instância pessoal/individual apenas se explica no contexto de uma cultura definida. Com isso, a necessidade de explicitação do meio em que os colaboradores se exprimem justifica o esforço de compreensão das mensagens emitidas e, ao mesmo tempo, qualifica o emissor como alguém que seleciona o que quer dizer, assim como confere sentido narrativo ao discurso. Em história oral, porém, tudo segue o curso de impulsos provocados, desde, entre outras coisas, a concepção do projeto até à composição do *corpus documental*.

Como a cultura é tecida em telas complexas, elaborada anteriormente por gerações e funciona em teias plurais, sabe-se que existe em estado natural e é dada por si. Aprendemos uma língua que nos precede, com hábitos preestabelecidos – codificados ou não –, mas tudo segue de forma diacronicamente tramada, o que exige explicações. É nesse âmbito que operam as entrevistas, destinadas à busca de sentido social com fundamentos anteriores e históricos. Todo projeto de história oral é, acima de formas ou modos de execução, uma tarefa de (re)qualificação de entendimentos. Esse processo pode ser concebido como uma espécie de "desnaturalização dos fenômenos vivenciados" e pode ser marcado por um rasgo analítico ou por um vértice no entendimento da memória basilar. Tal memória, seja individual ou coletiva, é marcada pelo ambiente que emoldura racionalidades sensíveis; as experiências ganham cadências estéticas e, nesse sentido, torna-se necessário reconhecer as diferenças importantes em suas maneiras de expressão.

HISTÓRIA ORAL APLICADA E ANÁLISE

> História oral é atitude de pesquisa que parte sempre de projetos de registro e entendimento de situações sociais para a materialização de enunciados da memória (individual e coletiva). A conversão da fala em documento escrito é resultado da "desnaturalização" de condições guardadas e elaboradas na memória; avançando-se, existem possibilidades analíticas que podem indicar caminhos promissores, dedicados, disciplinados.

Ainda que seja discutível a consideração de entrevistas como documentos, a efetivação do oral para o escrito responde à necessidade de gerar novos registros que dialoguem com outros, preexistentes ou que inaugurem possibilidades singulares. Menciona-se, contudo, a necessidade de enquadramento nos projetos. O caminho da produção de documento – gravação, passagem do oral para o escrito, cuidado arquivístico, aplicação e devolução – completa o ciclo do experimento em história oral. Se o projeto se limitar à produção do documento, como fim, sem a análise complementar, o alcance da história oral será sempre instrumental. No caso, a experiência é válida inclusive como instrumento para ações de divulgação e análises futuras. Assim, temos em relação à operação com entrevistas de história oral três tipos de situações:

1. História oral instrumental;
2. História oral plena;
3. História oral híbrida.

Entende-se por *história oral instrumental* a modalidade que serve de apoio e que se vale de instituições de patrocínio, sempre apontada para a divulgação ou trabalhos futuramente interpretados. *A história oral plena* se estabelece na medida em que todo o seu processo resulta – além da produção documental – no exame de entrevistas, considerando apenas as narrativas. Por excelência, essa situação exige apuro na constituição de redes que, afinal, possibilitariam diálogos ou oposições relevantes para o exercício reflexivo.

Em *história oral híbrida*, além das análises das entrevistas, supõe-se o cruzamento documental; sendo assim, a *história oral híbrida* se refere a um trabalho de maior abrangência, com remessas inclusive ao debate historiográfico e aos usos de outros suportes indicativos de argumentos (estatísticas, fotos, cruzamentos documentais variados).

FUNDAMENTOS DA HISTÓRIA ORAL INSTRUMENTAL APLICADA

A *história oral instrumental* tem como fundamento régio a produção e o arquivamento de entrevistas seriadas segundo mandamentos dos projetos. Há duas alternativas procedimentais para a guarda e zelo das entrevistas: em estado oral ou escrito. Neste caso, a captação das entrevistas demanda a passagem do oral para o escrito e o consequente arquivamento ou disponibilidade pública de acordo com acertos prévios feitos entre as partes.

Nada obstante, a *história oral plena*, também conhecida como *história oral pura*, assenta bases além da formulação das entrevistas e suas consequências analíticas. De regra, muitos esperam "explicações" dos projetos, ainda que existam leitores que considerem as histórias integrais suficientes. Pode-se, pois, dizer que existe uma subdivisão neste ramo de aplicação da história oral:

1. História oral plena/analítica;
2. História oral plena/integral.

A *história oral plena/analítica* cruza passagens temáticas comuns constantes nas entrevistas, seguindo os vestígios da memória de grupo. A integral se esgota na exposição narrativa de história oral de vida. Nessa divisão reside um dos pontos mais polêmicos da aplicação da história oral: questiona-se sempre sobre o que é melhor em cada caso: seu uso fragmentado, as entrevistas completas ou a colocação combinada de ambas as situações (fragmentos analíticos e histórias completas ou vice-versa)? De toda forma, a história oral plena se basta pelas entrevistas que trançam análises de várias pessoas contidas em um mesmo projeto, isto é, na combinação das narrativas formuladas pelas entrevistas que lhes garantem em si autonomia e consistência analíticas.

> Mais do que *história oral instrumental* que apenas procede aos registros, a história oral plena exercita a análise fazendo as entrevistas dialogarem. Fala-se, então, de autonomia documental das entrevistas que se relacionam favorecendo debates internos.

Recomenda-se que as análises, nesses casos, devem sempre ser comparativas, mesclando opiniões, pontos de vista ou fatos revelados em gravações que contenham redes de entrevistados com características próprias. Supondo um projeto sobre graves violações de direitos humanos durante a ditadura militar, uma rede pode ser dos perseguidos políticos e outra, que deve dialogar com esta, pode ser dos perseguidores. *Redes* menores ou "sub-redes" podem auxiliar a especificação do tema como uma possível *rede* de torturados e de torturadas, pois a questão de gênero tem peso diferente na sensibilidade dos argumentos. No caso de história oral plena, não é preciso se valer de cruzamentos com outros documentos que não sejam as entrevistas.

A *história oral híbrida* difere-se da *história oral instrumental* por superar o uso exclusivo das entrevistas, porque pretende, mais do que as gravações, promover a mescla de análises derivadas das entrevistas cruzadas com outros documentos. Nesse caso, somam-se às entrevistas documentos cartoriais, inquéritos policiais, memórias escritas, dados estatísticos, literatura, reportagens, produtos historiográficos, entre outros suportes. Essa alternativa corresponde a uma dimensão analítica que não se esgota na história oral plena.

É importante ressaltar que não se trata de hierarquizar importâncias ou dizer que história oral instrumental ou plena é melhor ou pior do que história oral híbrida. Afirmando de outra maneira, história oral instrumental ou plena é tão importante ou legítima como história oral híbrida. O que interessa é a suposição de que tudo deve ser indicado em suas finalidades, tendo o projeto como lugar privilegiado para justificações e demais explicações. Passo fundamental a ser considerado em projetos que preveem entrevistas é o estabelecimento de etapas articuladas, as quais empregam ritmo ao andamento da proposta sobre a realização de entrevistas e eventuais análises.

TRANSCRIAÇÃO ANALÍTICA

Transcriação é um gesto diante de existência e não somente uma oportuna operação em história oral. Como operação, contudo, serve para o tratamento de entrevistas e, sugere-se, que pode servir para o entendimento do que é análise; por suposto, se a memória antecede à história oral, a transcriação acompanha os níveis de verbalização da memória em diferentes estados de expressão: antes da gravação, durante a gravação e, depois, quando do referido tratamento de entrevistas. Convém esclarecer que parte do potencial explicativo das entrevistas é resolvido na *transcriação* como procedimento e tratamento de entrevistas. No plano analítico, convoca-se a aplicação da transcriação ou a transcriação disciplinada.

Na análise, não é incomum que o oralista faça remessas à sua própria área de conhecimento formal ou de formação: conhecem-se, assim, os historiadores, os psicólogos, os sociólogos, os pedagogos, entre outros profissionais, por meio de suas abordagens que refluem aos respectivos campos. Apesar das diferentes disciplinas e suas incursões, a memória não depende de competências mais ou menos científicas para funcionar, pois, fugidia e orgânica, apresenta-se em grupos que sentem ou ressentem o mundo; a capacidade de sentir o mundo é possibilitada por um encontro da "memória sentida" com a "memória do sentido" sempre construído por circunstâncias. É assim que, na modalidade proposta, a memória encontra sua força na expressão da palavra e a remessa do oralista pode ser direcionada, pois, à competência da instrução mnemônica; seguindo-se a lógica da comunidade de destino que culmina em redes, na análise é possível o entrecruzar de lembranças que emolduram gestos "recordatórios" – como se as sensibilidades mnêmicas fossem permeáveis e retratáveis nos ateliês da história oral.

Assumindo que transcriação em história oral é recriação não da linguagem ou do poema, mas, valendo-se da tradução poética, constitui-se como operação de memória verbal e de história oral, na análise também se pode fazer algo novo com no interior do texto: "transmemoriar", unindo ou não as pontas das lembranças, a partir do entendimento da memória coletiva. Ora, que a expressão oral da memória falhe, erre, minta, distorça, corrompa e opere em devaneios, sonhos, inconsistências, lapsos, elucubrações, profecias fantásticas, visões, utopias, distopias, ucronias, crenças, descrenças, ideologias é algo não apenas "tolerável", mas pretendido para se dimensionar o caráter subjetivo tão descartado por posições cientificistas quase sempre transplantadas. Como memória é expressão de humanidade em sentido marcante, valida-se por todos os traços de um produto de gente: desnaturalizar a memória disparada pela fala é tarefa de oralista que inclina à história oral aplicada.

Por isso, a transcrição, nesse momento, é a transcrição da memória em diferentes níveis; transcrição que perpassa as recriações do projeto, a história do projeto, a operação de materialização das entrevistas e a experiência do analista. Por que não supor que a *transcriação* do *transcriador* é sua modificação ao mesmo tempo em que a *história do projeto* se desenvolve e que opera, então, a necessidade de um cuidado de si mesmo no decurso? Se é possível pensar assim, os registros de campo, ou cadernos de campo, demonstram como a própria introspecção, os escritos, e as percepções gerais, já se constituem como alternativas de análise: a memória do oralista acolhe as lembranças dos colaboradores seja quando das gravações, seja no momento de análise. A *história do projeto*, então, passa a ser não somente a história do projeto encerrada em um relato mecânico da pesquisa, mas a memória sobre como o oralista foi sensibilizado por intersubjetividades em contato com o mesmo e o diverso; trata-se de como a colaboração recriou a dinâmica de compreensões. Em alguns momentos é preciso se autoentrevistar – ainda que a "autoentrevista" não seja disponibilizada – para dimensionar a força da comunidade de destino e proceder análises cônscias de entendimentos diacrônicos.

HISTÓRIA ORAL PÚBLICA

A aplicação da história oral traduz um dos fundamentos filosóficos da proposta: sua divulgação e seus meios compartilhados, ou colaborativos, de produção. Evidentemente, a história oral, desde suas primeiras propostas, dialoga com o público em sentido mais amplo, opera em conjunto e contribui para se pensar as dimensões públicas no campo da memória. Não somente em função da leitura de histórias por pessoas localizadas fora da academia, mas porque a história oral pode ser feita por integrantes de diferentes áreas do conhecimento, e por "*outsiders*", suas dimensões se alargam através do poder mobilizador da memória.

Além da obediência aos fundamentos legais do uso, a abrangência da extensão da história oral requer detalhamentos éticos expressos nos diálogos prévios com entrevistados. É comum haver experiências em que os colaboradores pretendem que suas entrevistas sejam reveladas depois da morte, ou passados determinados anos de sua prestação. Tais considerações devem se vincular ao protocolo firmado entre as partes, mas, além de consequências práticas de proteção de direitos, o juízo moral do diretor do projeto de pesquisa deve ser vivenciado.

É claro que o caráter público da história oral não pode ser esgotado no importante exercício da divulgação, pois as referências mais amplas do campo remetem, sobretudo, aos mais variados aspectos: *colaboração, mediação, produção conjunta* e respeito à mutualidade capaz de, entre outras coisas, sensibilizar, incomodar e promover políticas públicas.

> Normalmente os projetos acadêmicos ganham apelo de divulgação como estudos de grande utilidade social. O anseio das divulgações se prende à necessidade de ampliar o círculo de disseminação de experiências.

A busca de público se liga, em nosso caso, à importância do processo transcriativo com impacto sobre eventuais políticas públicas, pois os mecanismos de materialização das entrevistas – e dos projetos – demandam respeito à lógica da recepção. Dessa maneira, as mensagens vertidas em documentos chegam a um público susceptível para entender propostas e, com aplicações diversas, os enunciados dos colaboradores. Mais do que simplesmente compartilhar a autoridade do oralista e acadêmico, propõe-se, principalmente, um abrangente processo colaborativo: tudo, por lógico, valorizando-se a experiência e o lugar de enunciação do narrador. Tais indicações remetem imediatamente à justificação das *transcriações*. Porque se pretende que os produtos de entrevistas sejam de acolhimento largo, valoriza-se a qualidade comunicativa presente nas versões das gravações, bem como as suas análises.

Como na experiência anglo-saxônica, a história oral é uma área de diálogo privilegiada por "historiadores públicos"; sem confundir história oral com história pública, ou misturar as feições de ambas, a memória parece ser preocupação comum entre oralistas e historiadores públicos: embora com codificações não raramente distintas, apresenta-se como elemento comum entre ambos os profissionais. Assim como entrevista não é história oral e fonte oral é oralidade em sentido alargado, também os *podcasts* ou os mais importantes elementos audiovisuais não confluem em história pública. Nesse caso, a relação entre memória, tecnologia, alternativas de comunicação com amplas audiências e a empatia da colaboração compõem campos de similaridades bem-vindos para quantos se perguntem por possibilidades que excedam o universo acadêmico. Se é certo que outra parte dos "historiadores públicos" não tiveram suas origens fincadas no solo da história oral, faz-se necessário reconhecer o diálogo entre estas áreas distintas e habilitadas na medida em que fitam experiências sociais mais intensas a partir da requalificação da memória.

Em certa medida, é relevante relacionar história oral pública e história oral aplicada. Deve-se, contudo, não perder de vista os direcionamentos ou alcances das duas alternativas. Em ambos os casos, os alargamentos dos resultados tornam socialmente dinâmicos e desejáveis, mas na lógica da recepção, dos leitores/consumidores, a história oral aplicada tem alvos mais específicos e politicamente justificáveis. É saudável supor sempre que quanto maior o público, melhor. Na prática imediata, porém, enfatiza-se que a história oral aplicada aspira alvos ou coletividades imediatas: é por meio da noção disciplinada de projeto que se faz com o público e que se media os códigos oral e escrito presentes na colaboração. Um exemplo capaz de iluminar tais alcances permite pensar que as cotas nas escolas públicas têm alvo largo (a sociedade em geral), e, nesse escopo, abrange diretamente grupos tradicionalmente excluídos como indígenas ou afrodescendentes. Na moldura da história oral aplicada, a análise é, com frequência, particularizada e cabe atenção específica dedicada a diferentes grupos entendidos por redes.

A destinação dos resultados ou aplicação de projetos para um grupo – ainda que não exclua outros – responde aos anseios de criação de políticas públicas, práticas ou argumentos que extrapolam os limites das sensibilizações gerais.

> As estratégias comuns à história pública aspiram aberturas ilimitadas, já a aplicada responde a direcionamentos.

LEITURA COMPLEMENTAR:
Toque, sensibilidade e memória aplicada

As múltiplas transmissões de dados, de afetos e, inclusive, da intimidade de parte dos usuários das Tecnologias Digitais da Informação e Comunicação aprimoram as possibilidades comunicacionais do tempo imediato. Aprimoram também o sentido das recepções de conteúdos instantâneos. Além disso, tais tecnologias encontram destinação em torrentes de informações que podem ser preservadas por algum tempo ou imediatamente excluídas. Nos tempos do chamado presente, as informações vertiginosas, os *posts* e até os *memes* atendem às demandas arquiteturais da virtualidade (uma "mimetização" do espaço virtual). Há uma espécie de aplicação mais abrangente da memória. Determinados *posts* e informações virtualizadas atingem milhões de pessoas como se fossem cargas virais que não consideram as fronteiras ou quaisquer outros limites. Sentimentos manifestos em *emojis*, figurinhas e *gifs* possibilitam novas formas para demonstrar afetos que podem ser fugidios ou não. Ampliou-se o privado na esfera do público: a referência, aqui, segue certa invasão nada sutil que determina impermanências ou, de outra forma, caracteriza permanências efêmeras. A profusão de mensagens virtuais e de informações atinge o seu limite ao se desfazer não raramente com a mesma celeridade com que se compõe. As expressões "portabilidade", "instantaneidade" e "provisoriedade" adquiriram novos contornos que implicam em desenhos específicos na organicidade da memória.

Parte-se da premissa de que a memória de expressão oral é maior do que a sua imediata verbalização para reconhecer que a oralidade não se impõe como um código meramente concorrente do escrito; sendo outra chave de enunciação, a oralidade se faz prioritária para os procedimentos responsáveis pela reflexão das várias instâncias da vida. As novas sensibilidades são, portanto, regidas por sofisticações que disseminam a memória de expressão oral por meio de suportes tecnológicos: quando se trata de tecnologia e oralidade, em sentido particular, considera-se Walter Ong. Se a mente letrada permite outra conformação para a mentalidade moderna, conforme abalizou Ong, não se pode ignorar, contudo, que as novas tecnologias perfazem outros caminhos simbólicos, miméticos e no plano das linguagens plurais da vida comum. As possibilidades de escrever, de apagar em partes, de apagar completamente, de deletar um áudio, e, então, desdizer ou conferir explicações mais acuradas em uma conversação permitem que as memórias provisórias deflagradas por diversos meios no ambiente virtual seja ajeitada no vai e vem argumentativo; novas interpretações, novas palavras, novos ajustes, novos significados conferem a maleabilidade que a oralidade reporta aos mais variados meios de comunicação, seja por áudio e vídeo ou texto escrito em ambiente fluído. Então, não é apenas a lembrança que requer seu espaço, mas a deslembrança: os lugares dinâmicos da virtualidade refizeram os caminhos da memória balizada entre algoritmos.

Em tempos de alternativas *touch*, as telas dos *smartphones*, dos computadores, dos *tablets*, entre outros aparelhos, tornam-se ainda mais tecnológicas e sensíveis ao toque; em termos de utilidade dos sentidos, os toques em teclados e em telas ganham especiais funcionalidades na medida em que são empregados com resultados inéditos na história das comunicações. Dizer aquilo que de outra forma não se diria, dizer com o conforto da distância e manifestar os afetos fora de uma ambiência *face to face*, instrui a pergunta pela memória do mundo *touch* e suas oralizações. Admitindo-se de que a memória não se esgota nos armazenamentos de dados e, tampouco, nas simples transmissões de conteúdo, os registros derivados da expressão oral no mundo *touch* têm rastos subjetivos como manifestações nunca isoladas das coletividades. Para afirmar a subjetividade não é necessário abdicar de sua construção em cadências de coletividade – em redes, posto que as alteridades demonstram operações identitárias alinhadas e desalinhadas às pertenças emolduradas por histórias ou *stories*. Porque lembrar é sempre um gesto coletivo.

As dores, os afetos, os desafetos e os laços nem sempre duráveis se demonstram ladeados de conteúdos às vezes fugazes, fugidios e resguardados por certa segurança virtual com frequência questionada. Mudam-se as "paredes da memória" e as texturas das lembranças exprimidas oralmente, assim como as aderências das paredes, as fixidezes das recordações e, assim, virtualizam-se em *timeline, feed, status, stories*; as memórias do imediato são instabilizadas sobre os passados selecionados pelas lembranças. Também a dor está circunscrita por elementos sociais, sendo referenciada artística e espacialmente; sendo, inclusive, transcriada com respeito e diálogo com os interlocutores. Importa lembrar de que Maurice Halbwachs apresentou na década de 1920 a sua obra *Les cadres sociaux de la mémoire*. Ao refutar o estabelecimento individualizado dos registros mnêmicos, opondo-se, depois da Primeira Guerra Mundial, aos pressupostos de Henri Bergson e de Marcel Proust, Halbwachs derivou de suas paletas conceituais os traços dos quadros que agora, atualizados com variáveis, funcionam em telas sensíveis, tecnológicas, de impressões evanescentes com implicações sobre as comunidades, as identidades, as alteridades.

Elementos que interessam em análises da memória de expressão oral, tais como imprecisões, mentiras, variações, devaneios, sonhos, experiências místicas, entre outros, adquirem um novo campo de alternância referenciado pela velocidade não mais somente do *click*, mas inclusive do toque. Em um toque a vida pode se presentifica, entre memórias, em lacunas e ausências físicas, mas com importantes significações para o cotidiano. Toda a instantaneidade incide sobre a memória de expressão oral, fazendo-a operar com outros vetores de velocidade a partir de balizas socialmente identificadas.

De igual maneira, nos tempos presentes compreende-se que as memórias demonstradas no campo virtual, assim como os *stories*, e as mensagens *inbox*, não são feitas para durarem intactas porque uma demanda de alimentação constante por enunciados orais, escritos, audiovisuais e por sensibilidades aumenta a cada compartilhamento. A fluidez do tempo presente compromete a ideia envelhecida de que memória é simples armazenamento de palavras, de imagens, de sons, de experiências. Ao contrário, a memória traz a lume, em sua expressão oral, *upgrades* constantes e permite rápida atualização de histórias necessárias para se mexer em cada passado evocado, sepultado ou insepulto. Capturar e recapturar as sensibilidades mnemônicas – fazer alguns *prints* – materializar e recolocar as lembranças em movimento seguindo as novas dinâmicas das tecnologias que comprometem a versão clássica de estabilidade. Toda a captura ocorre, é claro, assentada sobre o conceito da memória coletiva, mas sem a mesma durabilidade pretendida no início do século xx. E transcrever no século xxi é imprimir movimentos à memória aplicada, instantânea e propensa à rápida modificação.

CONDUÇÃO DOS PROJETOS EM HISTÓRIA ORAL

O ato ético é um ato de religação: com o outro, com os seus, com a comunidade, e uma inserção na religação cósmica.

Edgar Morin

História oral pressupõe condução adequada de projetos, o que não se reduz à realização da pesquisa propriamente dita. Pelo contrário, demonstra-se, neste capítulo, que é preciso dimensionar o campo de responsabilidade e instituir posturas éticas que remontam pressupostos filosóficos.

Postura, respeito e procedimento cuidadoso no encaminhamento de questões diversas e algumas sensíveis são requisitos para quem pretende interagir com os colaboradores. Fala-se da possibilidade de "anonimar" pessoas em risco iminente.

Para proceder bem, torna-se necessário alimentar a empatia e estabelecer parâmetros destinados ao bom trato operacional quando os problemas contextuais provocarem dilemas. Tudo, enfim, convoca organização e, nesse sentido, boa condução das partes do projeto. Por isso, destinamos um espaço aos modelos de Carta de Cessão de Direitos Autorais e de tabelas que contemplam registros variados.

Finalmente, a Leitura Complementar "Dialogia das vozes e ética da escuta" pretende remeter à polifonia democrática da escuta em história oral e à necessidade de escuta como gesto primordial.

EXPRESSÃO ORAL DE MEMÓRIA: RESPONSABILIDADES

Junto à valorização das soluções técnicas sobre o fazer da história oral, torna-se importante dimensionar a relevância de três aspectos elementares e que se retroalimentam: um prático, outro ético e, ainda, um de responsabilidade jurídica. O aspecto prático remete às questões voltadas para o fazer documental. Sem ingresso no cipoal sutil que embaralha conceitos relativos à produção de textos, convém ressaltar que a materialização de entrevistas implica compromissos que vão desde o vínculo estabelecido com o colaborador até a devolução pública ou o arquivamento do material. O primeiro dever de atenção é para com a pessoa que cedeu seu tempo e experiência a fim de colaborar em projetos.

> Deve ficar claro que, no acordo para a entrevista, a pessoa convidada entra também como sujeito ativo, não subjugado ou inocente.

De toda forma, sua participação só é legitimada depois de conferido um texto que tem, finalmente, sua identidade narrativa assegurada. O destino do texto resultado da interação, por sua vez, tanto deve retornar ao colaborador, como merece ser indicado o destino da entrevista depois do projeto pronto – de preferência, precisa-se indicar em quais arquivos de acesso amplo serão depositados. As divulgações pela internet, obrigatoriamente, têm que ter o aval da pessoa que emitiu as falas.

Ética em trabalhos de memória remete principalmente à questão dos limites das investigações. A primeira pergunta que precisa ser considerada, neste quesito, direciona-se à relação entre os participantes da entrevista: até onde pode um entrevistador se aprofundar em questões íntimas ou nos segredos dos entrevistados? Vigora como uma espécie de "lei moral" o respeito à vontade do emissor, o que implica delicadeza e sensibilidade na aferição dos resultados. Destaca-se que a palavra final, decidida na conferência e autorização do texto, é sempre do emissor, considerado como alguém que colabora dando condição pública à própria experiência. Por lógico, nos limites do bom senso, cabe aos entrevistadores tentarem avanços, mas não são poucos os casos em que o silêncio, a lágrima, a interdição se impõem.

Existem casos que demandam cuidados atentos à segurança dos colaboradores, tais como os de pessoas que delataram "subversivos", "denunciaram" outros, viveram condições "desviadas". Entre outras, existem situações em que os colaboradores não querem, por variados motivos, revelar o que fizeram na vida pregressa. Deve-se proceder escolhas éticas sobre casos em que os narradores vivenciaram atos condenados socialmente (tráfico de pessoas, por exemplo) ou, ainda, nas situações em que os colaboradores ocultaram suspeitos por quaisquer motivos. Tais ocorrências expressam circunstâncias que devem ser preservadas nos limites da exposição pessoal.

É claro que tais "banimentos" precisam transparecer nos projetos que, afinal, os justificam. Uma das saídas é usar os recursos normais às redes que se contrapõem. Aliás, uma das funções do uso de diferentes *redes* é o exercício do *contraditório*, sempre desejável em história oral. Em muitos casos, a percepção dos pontos de vista de um colaborador (de uma prostituta mãe que não quer ter sua imagem revelada), pode ter suas características vivenciais expostas por outros (clientes, por exemplo).

Os artifícios usados pela transcriação de entrevistas atuam também nessa esfera, permitindo contornos capazes de dimensionar fatos sem expor os narradores. Além disso, o controle da linguagem, assim como a validação de recursos com o uso de interjeições, exclamações, mudanças de parágrafos, e, enfim, a efetivação do tal "teatro de linguagem", podem sugerir situações ou adequações. Isso sem contar que na parte introdutória de todo trabalho com entrevistas deve-se iniciar pela "história do projeto", lugar em que cabe o alerta ao leitor e ponderações sobre os encaminhamentos da pesquisa.

Há casos em que detalhes da história contada é vital para o sentido do projeto, como, por exemplo, em uma pesquisa sobre o funcionamento do mundo das drogas. Como a salvaguarda do colaborador é essencial e em coerência com a proposta inscrita no projeto, há de se explorar mecanismos de revelação dos detalhes narrados. Usa-se, no caso, o artifício da "história oral de pessoas anônimas".

> Como peça-chave, muitas vezes, as dificuldades de exposição pelos narradores podem ser compensadas por estratégias que, se avisadas previamente, justificam mudanças e alertam os leitores. É o caso do artifício usado como *"história oral de pessoas anônimas"*.

O fundamento do uso desse recurso se apoia na necessidade absoluta de proteção do narrador bem como da utilidade premente da revelação dos conteúdos.

Avisados os leitores sobre as mudanças de nomes, de locais ou das especificidades dos eventos motivadores da entrevista, o anonimato dos colaboradores pode ser um recurso. A justificativa para essa iniciativa decorre da necessidade de que os entrevistados não sejam expostos à eventuais condenações morais – aborto, vício em drogas, compulsões socialmente prescritas; é claro que os fatos que precisam ser discutidos são partes fundamentais do debate, mas, em situações de riscos ou exposições constrangedoras, não cabem exposições identitárias.

Nessas situações, mudam-se nome das pessoas, lugares, profissões. Importante notar que, muitas vezes, no entusiasmo da entrevista, os próprios colaboradores emitem fatos que os colocam em risco, como, por exemplo, num projeto sobre drogas o narrador dá nomes e até endereços de abastecedores ou usuários/

compradores. Nesse mesmo contexto, cabe pensar a proteção aos membros da família. É relevante pensar que o produto dessas atitudes não pode se confundir com censura ou veto. Na mesma linha, vale lembrar que o produto acabado da entrevista deve ser resultado de um pacto entre as partes.

A par das questões éticas e dos limites, um dos avisos mais consequentes para a instrução dos projetos em memória de expressão oral se direciona ao aparato jurídico, pois sabe-se que qualquer uso que se faça de dados pessoais em projetos que de alguma maneira ganhem foro público requerem autorização expressa do emissor ou gerador da imagem. Essa condição requer autorização que admita se a pessoa deseja ou não se expor, mesmo que sem vantagens econômicas. Além das demandas juridicamente estabelecidas, é importante que os colaboradores assinem protocolos de autorização que também servem para garantia do próprio entrevistado. Embora haja fórmulas mais rígidas de controle das autorizações, de maneira prática, para projetos acadêmicos, as chamadas Cartas de Cessões são suficientes.

> O colaborador pode, antes de assinar a Carta de Cessão, desistir de expor determinadas partes da entrevista. Embora essa decisão precise ser invariavelmente respeitada, uma alternativa para o diretor do projeto de pesquisa é o diálogo que visa a negociações de argumentos e das maneiras com que são apresentados aos leitores.

A Carta de Cessão, portanto, torna-se documento capaz de definir o alcance do uso da entrevista. Ela pode remeter tanto à gravação – em particular no caso dos bancos de histórias –, quanto ao texto final no caso de transcriações. Em qualquer situação, devem ficar claros os limites para a eventual exposição pública das entrevistas, não apenas no projeto corrente, mas também do uso posterior e por terceiros. Da mesma forma, é prudente vincular o controle de seu uso (no todo ou em parte) à instituição que tem a guarda da gravação. Supondo que nas gravações queira-se propor limites tanto para que os áudios sejam ouvidos como para seu uso em citações, deve-se proceder a um texto contendo claramente os limites. Vejamos alguns exemplos:

Exemplo 1

(Local, data)

Destinatário,

    Eu, (nome, estado civil, documento de identidade), declaro para os devidos fins que cedo os direitos de exposição de minha entrevista, gravada (data) para (entidade e pessoas) usá-la integralmente (ou em parte), sem restrições de prazos e limites de citações, desde a presente data. Da mesma forma, autorizo o uso de terceiros ouvi-la e usar citações, ficando vinculado o controle à (instituição) que tem a guarda da mesma.

    Abdicando direitos meus e de meus descendentes, subscrevo a presente que terá minha firma reconhecida em cartório.

(Nome e assinatura do colaborador).

Exemplo 2

> (Local, data)
> Destinatário,
>
>   Eu, (nome, estado civil, documento de identidade), declaro para os devidos fins que cedo os direitos de minha entrevista, gravada (data) para (entidade e pessoas) usá-la com as limitações relacionadas abaixo. Da mesma forma, estendo os limites a terceiros, ficando vinculado o controle à (instituição) que tem a guarda da mesma.
>   Abdicando direitos sob a parte não relacionada, o que faço também aos meus descendentes, subscrevo a presente que terá minha firma reconhecida em cartório.
>
> Limites:
> 1) De partes (citar claramente as partes que não podem ser ouvidas indicando inclusive se elas devem ser apagadas da cópia original ou apenas das colocadas a público).
> 2) De prazos (citando se há limitação de tempo para sua liberação – um ou mais anos desde a data da gravação – ou se apenas deve ser colocado a público depois da morte da pessoa).
> 3) De pessoas ou grupos que não devem ter acesso ao arquivo.
>
>   (Nome e assinatura do colaborador).

    Além das prevenções legais, recomenda-se a observância à lista de controle que deve funcionar em todos os projetos. Conhecida como "ficha do projeto", tem-se um documento meramente técnico, do qual devem constar: o nome do projeto, a relação dos entrevistados com os seguintes itens: I) dados do projeto; II) dados do colaborador; III) dados dos contatos; IV) dados do andamento das etapas de preparo do documento final; V) envio de correspondências.

I) Dados do projeto

NOME DO PROJETO:	
DIRETOR DO PROJETO:	
INSTITUIÇÃO PATROCINADORA:	
ENTREVISTADOR(ES):	
EQUIPE:	
DATA DO PROJETO:	

II) Dados do colaborador

NOME COMPLETO:			
LOCAL E DATA DE NASCIMENTO:			
ENDEREÇO ATUAL:	RUA:		N°:
BAIRRO:	CIDADE:		ESTADO:
CEP:	TELEFONE:		E-MAIL:
DOCUMENTO DE IDENTIDADE:		TIPO:	
LOCAL E ÓRGÃO DE EMISSÃO:			
PROFISSÃO ATUAL:			
PROFISSÕES ANTERIORES:			
OBSERVAÇÕES:			

III) Dados dos contatos

INDICAÇÃO DO CONTATO:	
DATA DO CONTATO:	
FORMA DE CONTATO:	
DATA(S) DA(S) ENTREVISTA(S):	___/___/___ ___/___/___ ___/___/___ ___/___/___
DURAÇÃO E LOCAL DA(S) ENTREVISTA(S):	DURAÇÃO: DURAÇÃO: DURAÇÃO: DURAÇÃO: LOCAL: LOCAL: LOCAL: LOCAL:

IV) Dados do andamento das etapas e de preparo do documento final

PRIMEIRA TRANSCRIÇÃO:	
TEXTUALIZAÇÃO:	
TRANSCRIAÇÃO:	
CONFERÊNCIA:	
CARTA DE CESSÃO DE DIREITOS:	

	ETAPA 1 PRIMEIRA TRANSCRIÇÃO	ETAPA 2 TEXTUALIZAÇÃO	ETAPA 3 TRANSCRIAÇÃO	ETAPA 4 CONFERÊNCIA	ETAPA 5 CARTA DE CESSÃO DE DIREITOS
Renato de Souza	X	X	X	x	x
Leonardo de Oliveira	X	X			
Maria de Lourdes Andrade	X	X	X	x	
Ana Paula Barros	X	X	X		
Wladmir Batista	X	X	X		
João Dias de Castro	X				

V) Envio de correspondência

___/___/___ CARTA DE APRESENTAÇÃO DO PROJETO	
___/___/___ AGRADECIMENTO(S) DA(S) ENTREVISTA(S)	
___/___/___ REMESSA DA ENTREVISTA PARA CONFERÊNCIA	
___/___/___ CARTA DE CESSÃO	

LEITURA COMPLEMENTAR:
Dialogia das vozes e ética da escuta

Sempre importam para os projetos que trabalham com redes, a variação do contraditório, isto é, a percepção do caráter dialógico da memória de expressão oral posto sobre as diferenças. Preside sutilezas nas estratégias analíticas e o bom resultado depende da condução das entrevistas em redes. Em alguns casos, quando não se observam as características de cada circuito, pouco se nota e até nem se percebem nuanças do diferente. Em outras situações, não se considera o argumento diferente em razão do que importa para a pesquisa: as hipóteses antecipadas como certezas paradoxais do *a priori*. Deixar a escuta dos diferentes e até dos opostos pode enfraquecer o argumento de que a história oral estabelece como "objeto" a memória de expressão oral que está ligada à coletividade das lembranças. A abdicação do contraditório é, inclusive, um problema ético que compromete análises e acolhimentos mais amplos.

Porque às vezes algo revelado não interessa ou impõe-se como inoportuna, como indesejável, não são poucos que ao analisar desprezam algumas passagens. Vale ressaltar que a beleza de um projeto está na constatação de vários ângulos. É claro que as convicções, as certezas e os dogmas têm os seus lugares, mas tais predicados ganham maior viso se contrastados com outros pontos de vista. Não raro, nega-se um dogma enquanto se erige outro – seja no campo religioso, na esfera dos valores ou da experiência que cristaliza, que arraiga. Em certos casos, a respeito das diferenças, o problema de ouvir o oposto se apresenta em contrariedade a um campo ético construído ao longo de uma formação, de uma vida. Mas é também por isso que propugnamos pelo reverso. A fim de esclarecer melhor convém lembrar que em projetos sobre o comportamento humano sob ditaduras, por exemplo, tendem a enfatizar – até por simpatia – os torturados, mas, com certeza, os projetos ficarão bem mais completos se também carregar a experiência dos torturadores.

Sem diferenças, não há como considerar de forma séria as possibilidades de identificação das redes em história oral. As redes, constatadas durante a pesquisa, são formadas com base nas diferenças da comunidade de destino, da memória coletiva. Ora, as diferenças pressupõem a atenção do oralista. Ou, como as singularidades são demarcadas senão por meio das diferenças? São as diferenças, as multiplicidades que demarcam, então, o si mesmo e o outro; em outras palavras, a identificação do si mesmo e não de um imediatamente outro é, pois, uma demarcação de identidade: *queer*, católica, liberal, socialista – complexa, enfim.

Um projeto de história oral sem demarcação de analogias e de suas oposições é, para exemplificar, uma história oral sem a democracia das vozes. E uma única voz dificilmente significa uma pesquisa de história oral. Em outras palavras, a história oral de uma nota só se parece com um estranho coro de vozes com potencial para a diversificação, mas que é orientado a cantar apenas em uníssono: no mesmo som: na mesma nota alcançada por todos; na mesma altura e em uma mesma cadência. Mesmo sem harmonia, faz-se preciso ouvir os naipes do tenor ao mesmo tempo em que se escuta o soprano sem dispensar o contralto, o barítono. Tudo sob as mãos ágeis de quem rege (em história oral o maestro é o diretor do projeto de pesquisa).

Nas similaridades, pode-se, ainda, encontrar alternativas, modulações e tendências. Daí a igualdade se apresenta por vezes como assimétrica. Por seu turno, as diferenças em termos identitários são demarcações mais firmes. Se é possível ver nas similaridades, na coesão de uma rede, algo parecido com um *legato* que impõe um fluxo de vinculação ininterrupto às notas, de outra maneira as diferenças são significadas pelo *staccato* que exige interrupção, pontuação, marcação. A diferença é uma nota batida de forma seca, ao passo que a similaridade é a continuidade, é progressiva. Admitindo-se as diferenças entre as partituras e as entrevistas, os músicos e os oralistas celebram as expressões da democracia, dos gostos, dos mesmos, dos opostos.

Quando, porém, se aborda as diferenças relacionadas ao trabalho empírico, os problemas se mostram ora como tabu, ora como indisposição para analisar o outro lado. Uma coisa é saber reger o coral, ou prefigurar a regência, e outra é regê-lo. Em história oral, ir ao campo pode modificar o projeto e pode, ainda, transformar as hipóteses sobreviventes em suspeitas. Por vezes, considera-se ouvir, assim, os indígenas que sofreram com os avanços coloniais, mas não se considera entrevistar os defensores da ideologia ruralista para estabelecer a crítica. Também em estudos de gênero, amplas possibilidades de escuta são bem-vindas e nem sempre acolhidas. Isso serve para temas sensíveis em tempos de revisionismos e negacionismos: por que não entrevistar as redes de violadores para compreendê-las e para demonstrar a importância de evitar as graves violações de direitos humanos, por exemplo? É sinal de maturidade e de profissionalismo escutar o outro lado, mesmo quando é incômodo, mesmo quando o outro lado remorde o campo ético do oralista ou ainda que seja partícipe de atos criminosos. Fala-se em percepções incômodas porque há muito não se pensa, entre os mais atentos e cuidadosos, uma história oral de supostos "oralistas neutros": a existência implica envolvimento com os existentes e suas narrativas de modo a prescindir de neutralidade. Evidentemente, todos os lados, por todos os ângulos, por todas as perspectivas, sejam em ângulos longitudinais variados, sejam em aspectos proximais, podem ser desnaturalizados, criticados, questionados; a igualdade e a diferença não podem significar a ausência de análise criteriosa. Abdicar das diferenças é uma forma de negligenciar um outro que não o si mesmo.

BIBLIOGRAFIA

ALBERTI, Verena. *História Oral*: a experiência do CPDOC. Rio de Janeiro: CPDOC/FGV, 1989.
_____. *Manual de História Oral*. Rio de Janeiro: FGV, 2004.
_____. *Ouvir contar*: textos em História Oral. Rio de Janeiro: FGV, 2004.
_____. "Fontes Orais: Histórias dentro da História". In: PINSKY, C. B. (org.). *Fontes históricas*. São Paulo: Contexto, 2005, pp. 155-202.
ALMEIDA, Juniele Rabêlo de; ROVAI, Marta Gouvêia de Oliveira. *Introdução à História Pública*. São Paulo: Letra e Voz, 2011.
ALMEIDA, Terezinha Andrade. *Fio da vida*: necessidades básicas dos pacientes infectados com o HIV. Salvador: Empresa Gráfica da Bahia, 1996.
ARAÚJO, Paulo César de. *Eu não sou cachorro não*: música popular cafona e ditadura militar. Rio de Janeiro: Record, 2002.
ASHTON, Paul; HAMILTON, Paula. *People and their Pasts*: Public History Today. Basingstoke: Palgrave Macmillan UK, 2012.
ASSMANN, Aleida. *Espaços da recordação*: formas e transformações da memória cultural. Campinas: Editora da Unicamp, 2011.
ATAIDE, Yara Dulce Bandeira de. *Decifra-me ou devoro-te*: história oral de vida dos meninos de rua de Salvador. São Paulo: Loyola, 1993.
_____. *Clamor das vozes*: história oral de famílias em busca da cidadania. São Paulo: Loyola, 2002.
ÁVILA, Cuauhtémoc Velasco (org.). *Historia y Testemonios Orales*. México: Instituto Nacional de Antropología y Historia, 1996.
BARNET, M. *Memórias de um Cimarron*. São Paulo: Marco Zero, 1986.
BENJAMIN, Walter. "O narrador". *Obras Escolhidas, Magia e técnica, arte e política*. São Paulo: Brasiliense, 1987, pp. 197-221.

BENSON, Susan; BRIER, Stephen; ROSENZWEIG, Roy (eds.) *Presenting the Past*: Essays on History and the Public. Philadelphia: Temple University, 1986.

BEN-YEHUDA, Nachman. *The Masada Myth*: Collective Memory and Mythmaking in Israel. Winsconsin: University of Winsconsin Press, 1995.

BLACKBURN, Thomas C. (ed.). *December's Child: A Book of Chumashoral Narratives*. Londres: University of California Press, 1984.

BONFIL, Alicia Olivera de. *La tradición oral sobre Cuauhtémoc*. México: UNAM, 1980.

BOSI, Ecléa. *Memória e sociedade*: lembranças de velhos. São Paulo: Companhia das Letras, 1995.

_____. *O tempo vivo da memória*: ensaios de psicologia social. São Paulo: Ateliê, 2003.

BOURDIEU, Pierre. *A miséria do mundo*. Petrópolis: Vozes, 1997.

BRANDÃO, Carlos Rodrigues (org.). *As faces da memória*. Campinas: Editora da Unicamp, s/d. (Col. Seminários 2.)

BRESCIANI, Stella; NAXARA, Márcia. *Memória e (res)sentimento*: indagações sobre uma questão sensível. Campinas: Editora da Unicamp, 2004.

BRETON, Binka Le. *Todos sabiam*: a morte anunciada do padre Josimo. São Paulo: Loyola, 2000.

BURGOS, Elizabeth. *Me llamo Rigoberta Menchú y así me nació la conciencia*. México: Siglo Veintiuno, 1987.

BRUGAT, Dolores Pla. *Los niños de Morelia*. México: Instituto Nacional de Antropología e Historia, 1985.

BRUNER, Jerome; WEISSER, Susan. "A invenção do ser: a autobiografia e suas formas". In: OLSON, David R.; TORRANCE, Nancy (orgs.). *Cultura escrita e oralidade*. São Paulo: Ática, 1995, pp. 141-61.

CALDAS, Alberto Lins. *Seis ensaios de história oral*. Caderno de Criação. Porto Velho, Centro de Hermenêutica do Presente, n. 15, ano V, jun. 1998, pp. 38-60.

_____. "Transcriação em História Oral". *Neho-História, Revista do Núcleo de Estudos em História Oral*. São Paulo, n°1, USP/FFLCH/DH, nov. 1999, pp. 71-79.

_____. *Oralidade, Texto e História:* para ler a história oral. São Paulo: Loyola, 1999a.

_____. *Nas águas do texto*: palavra, experiência e leitura em história oral. Porto Velho: Edufro, 2001.

CALDAS, Fabíola Lins. "A cidade dos excluídos: um projeto em história oral". *Caderno de Criação*, 14/22, Porto Velho, Centro de Hermenêutica do Presente, n. 20, ano VI, out. 1999.

_____. "Cápsula narrativa: história e usos de um conceito". *Caderno de Criação*, 05/10, Porto Velho, Centro de Hermenêutica do Presente, n° 26, ano VIII, out. 2001.

CALVET, Louis-Jean. *Tradição oral & tradição escrita*. São Paulo: Parábola, 2011.

CARNOVALE, Vera; LORENZ, Federico; PITTALUGA, Roberto. *Historia, memoria y fuentesorales*. Buenos Aires: CeDInCI-Memoria Abierta, 2006.

CATALÁ, Neus: *De la resistencia y la deportación*. Barcelona: Adgenda, s.d.

CAUVIN, Thomas. *Public History*: A Textbook of Practice. Nova York: Routledge, 2016.

CAVALCANTI, Pedro Celso Uchôa; RAMOS, Jovelino: *Memórias do exílio*. São Paulo: Livramento, 1976.

CORREIA, C. H. P. *História Oral*: teoria e técnica. Florianópolis: Universidade Federal de Santa Catarina, 1978.

COWAN, Neil M. *Our Parents' Lives*: The Americanization of Eastern European Jews. Nova York: Basic Books, 1989.

D'ARAUJO, M. C.; SOARES, G. A. D. CASTRO, C. (orgs.), *Visões do golpe*: a memória militar sobre 1964. Rio de Janeiro: Relume-Dumará, 1994/1995, 3 v.

_____; CASTRO, C. *Ernesto Geisel*. Rio de Janeiro: Ed. FGV, 1997.

DELGADO, Lucília de Almeida Neves. "História oral e narrativa: tempo, memória e identidades". *História Oral,* n. 6, 2003, pp. 9-25.

_____. "História e memória: metodologia da História Oral". In: *História oral*: memória, tempo, identidades. Belo Horizonte: Autêntica, 2010, pp. 15-31.

DUNAWAY, D. K; BAUM, W. K. (Orgs.). *Oral History. An Interdisciplinary Anthology.* Nashville: American Association for State and Local History/Oral History Association, 1984.

ERLL, Astrid; NÜNNING, Ansgar (ed.). *Cultural Memory Studies*: An International and Interdisciplinary Handbook. Berlim/ Nova York: De Gruyter, 2008.

FAGEN, Patricia W. *Transterrados y ciudadanos.* México: Fondo de Cultura Económica, 1975.

FERNANDES, Tânia Maria Dias (coord.); *Memória da tuberculose*: acervo de depoimentos. Rio de Janeiro: Casa de Oswaldo Cruz, 1993.

FERREIRA, Jerusa Pires. *Os desafios da Voz Vivain.* os desafios contemporâneos da história oral. Campinas: CMU/Unicamp, 1997, pp. 59-68.

_____. *Oralidade em tempo e espaço.* São Paulo: EDUC/Fapesp, 1999.

_____. (org.) *Oralidade em tese*: colóquio Paul Zumthor. São Paulo: Educ, 1999.

_____. *As armadilhas da memória e outros ensaio.* São Paulo: Atelier, 2003.

FERREIRA, Marieta de Moraes (org.). *Entre-vistas*: abordagens e usos da história oral. Rio de Janeiro: Editora da FGV, 1994.

_____. (org.). *História Oral e multidisciplinariedade.* Rio de Janeiro: Diadorin, 1994.

_____; AMADO, Janaína et al. *Usos e abusos da história oral.* Rio de Janeiro: Editora da FGV, 1996.

_____; FERNANDES, Tânia Maria; ALBERTI, Verena (orgs.). *História Oral*: desafios para o século XXI. Rio de Janeiro: Casa Oswaldo Cruz, 2000.

FRANÇOIS, Frederic. *Práticas do Oral.* Carapicuiba: Pró Forno Departamento Editorial, 1996.

FRASER, Ronald. *Recuérdalotú y recuérdalo a otros.* Historia oral de guerra civil española. Barcelona: Crítica, 2001.

FREITAS, Sônia Maria de. *História Oral*: possibilidades e procedimentos. São Paulo: Humanitas, 2002.

_____. *E chegaram os imigrantes*: café e a imigração em São Paulo. São Paulo: Edição da Autora, 1999.

FRISCH, Michael. *A Shared Authority:* Essays on the Craft and Meaning of Oral and Public History. Albani: State University of New York Press, 1990.

FUNES, Concepción Ruiz; TUÑON, Enriqueta. *Palabras del Exílio.* Final y comienzo: El Sinaia. México Instituto Nacional de Antropología e Historia, SEP/Librería Madero, 1982.

GUERINI, Andréia; COSTA, Walter Carlos (orgs.). *Haroldo de Campos, tradutor e traduzido.* São Paulo: Perspectiva, 2019.

GARRET, Annette. *A entrevista, seus princípios e métodos.* Rio de Janeiro: Agir, 1967.

GATTAZ, André Castanheira. *Braços da resistência*: uma história oral da migração espanhola. São Paulo: Xamã, 1996.

_____. "Pensando meio século de História Oral". *Caderno de Criação.* Porto Velho, Centro de Hermenêutica do Presente, n. 15, ano V, jun. 1998, pp. 28-37.

GRELE, Ronald J. *Envelopes of Sound*: The Art of Oral History. Nova York: Pleager Plublishers, 1991.

GROOT, Jerome de. *Comsuming History*: Historians and Heritage in Contemporary Popular Culture. Londres: Routledge, 2009.

GUSDORF, Georges. *Lignes de vie 1*: les écritures du moi. Paris: Éditions Odile Jacob, 1991.

_____. *Auto-Bio-Graphie.* Paris: Éditions Odile Jacob, 2001.

_____. *Mémoire et personne.* Paris: Press Universitaire de France, 1993.

HALBWACHS, Maurice. *A memória coletiva.* São Paulo: Vértice, 1990.

HAVELOCH, Eric. "A equação oralidade-cultura escrita: uma fórmula para a mente moderna". In: OLSON, David R.; TORRANCE, Nancy. *Cultura escrita e oralidade*. São Paulo: Ática, 1995, pp. 17-34.

_____. *Prefácio a Platão*. Campinas: Papirus, 1996a.

_____. *A revolução da escrita na Grécia*. Rio de Janeiro: Unesp/Paz e Terra, 1996b.

_____. *La topographie légendaire des évangiles em terre sainte*: Etude de mémoire collective. Paris: Alcan, 1941.

_____. *Les cadres sociaux de la mémoire*. Paris: Librairie Félix Alcan, 1925.

HEIFETZ, J. *Oral History and Holocaust*. Oxford: Pergamon Press, 1984.

HENIGE, D. *Oral Historiography*. Londres: Longman, 1982.

HOFFMAN, Alice M.; Howard, S. *Archives of Memory: A Soldier Recalls World War II*. Lexington: The University of Kentucky, 1990.

HOSKINS, Janet: *Biographical Objets: how things tell the stories of peoples' lives*. New York: Routledge, 1998.

JOUTARD, Philippe. *Esas Voces que nos Llegan del Pasado*. México: Fondo de Cultura Económica, 1986.

KAKAR, Sanjiv. Leprosy in Índia: The Intervention of Oral History. *Oral History, the Journal of the Oral History Society*, volume 23, number 1, Spring, 1995, pp. 37-45.

KEAN, Hilda; MARTIN, Paul (eds.). *The Public History Reader*. Londres/ Nova York: Routledge, s/d.

KISSELOFF, Jeff. *You Must Remember This* – An Oral History of Manhattan from the 1890s to World War II. Nova York: Schocken Books, 1989.

KOTRE, John. *Luvas Brancas*: como criamos a nós mesmos através da memória. São Paulo: Mandarim, 1997.

KUMU, Umúsin Panlõn; HENHÍRI, Tolamãn. *Antes o mundo não existia*. São Paulo: Livraria Cultura Editora, 1980.

LANG, Alice Beatriz da S. Gordo. "História Oral: muitas dúvidas, poucas certezas e uma proposta". *(Re)Introduzindo História Oral no Brasil*. São Paulo: Xamã, 1996, pp. 33-47.

LANG, Alice Beatriz da Silva Gordo; CAMPOS, Maria Christina Siqueira de Souza; DEMARTINI, Zeila de Brito Fabri. *História Oral e pesquisa sociológica*: a experiência do Ceru. São Paulo: Humanitas, 1998.

LEITE, Eudes Fernando; FERNANDES, Frederico (orgs.). *Trânsitos da voz*: estudos de oralidade e literatura. Londerina: EDUEL, 2012.

LEÓN-PORTILLA, Ascensión H. de: *España desde México:* vida y testimonios de transterrados. México: Universidad Nacional Autónoma de México, 1978.

LEWIS, Oscar. *Antropología de la Pobleza:* cinco familias. México: Fondo de Cultura Económica, 1969.

LIENHARD, Martin. *La Voz y su Huella*. México: Casa Juan Pablos, 2003.

LIMA, Valentiva da Rocha (org.). *Getúlio*: uma História Oral. Rio de Janeiro: Record, 1986.

LIDDINGTON, Jill. "Public History: A Critical Bibliography". *Oral History*, v. 33, n. 1, 2005, pp. 40-45.

_____. What is Public History? Publics and Their Pasts, Meanings and Practices. *Oral History*, v. 30, n. 1, 2002, pp. 83-93.

MACIEL, Márcia Nunes. *A construção de uma identidade*: História Oral com os Cassupá. Porto Velho, 2002. Monografia (Departamento de História) – Universidade Federal de Rondônia.

MACCONKEY, James (org.). *The Anatomy of Memory*: an Anthology. Oxford: Oxford University Press, 1996.

MAESTRE FILHO, Mário José. *Depoimentos de escravos brasileiros*. São Paulo: Icone, 1988.

MANFREDINI, Luiz. *As moças de minas:* uma História Oral dos anos 60. São Paulo: Alfa-Omega, 1989.
MANGINI, S. *Recuerdos de la resistencia*. La voz de las mujeres en la Guerra Civil Española. Barcelona: Península, 1997.
MARCUSCHI, Luiz Antônio. *Análise da Conversação*. São Paulo: Ática, 1991.
MARTINS, J. de Souza (org.). *Massacre dos inocentes:* a criança sem infância no Brasil. São Paulo: Hucitec, 1976.
MAUAD, Ana Maria; ALMEIDA, Juniele Rabêlo de; SANTHIAGO, Ricardo (orgs.). *História pública no Brasil*: sentidos e itinerários. São Paulo: Letra e Voz, 2016.
MAURER, Harry. *Sex:* An Oral History. Nova York: Penguin Books, 1994.
MEDINA, Cremilda de Araújo. *Entrevista*: o diálogo possível. São Paulo: Ática, 1990.
MEIHY, José Carlos Sebe Bom. *A colônia brasilianista*: história oral de vida acadêmica. São Paulo: Nova Stella, 1990.
_____. *Canto de Morte Kaiowá*: história oral de vida. São Paulo: Loyola, 1991.
_____. "História e Memória ou Simplesmente História Oral?" *Anais do Encontro de História e Documentação Oral*, Brasília, UnB, 1993, pp. 5-11.
_____. *Manual de História Oral*. São Paulo: Loyola, 1996a/2004a/2005.
_____. (org.). *(Re)Introduzindo História Oral no Brasil*. São Paulo: Xamã, 1996b.
_____. "Pensando as narrativas de certas mulheres". In: SANTOS, Andrea Paula dos. *Ponto de vida*: cidadania de mulheres faveladas. São Paulo: Loyola, 1996c.
_____. Tres alternativas metodológicas: Historia de Vida, Historia Temática y Tradición Oral. *Historia y testimonios orales*. México: Instituto Nacional de Antropologia e Historia, 1996d, pp. 57-72.
_____. *Brasil fora de si:* experiências de brasileiros em Nova York. São Paulo: Parábola, 2004b.
_____. The Radicalization of Oral History. *Words & Silences: Journal of the International Oral History Association*. México, v. 2, n. 1, IOHA, jun. 2003, pp. 31-41.
_____. *Augusto & Lea*: um caso de (des)amor em tempos modernos. São Paulo: Contexto, 2006.
_____. *Prostituição à brasileira:* cinco histórias. São Paulo: Contexto, 2015.
_____; HOLANDA, Fabíola. *História oral:* como fazer, como pensar. São Paulo: Contexto, 2013.
_____; RIBEIRO, Suzana. *Guia prático de história oral*: para empresas, universidades, comunidades, famílias. São Paulo: Contexto, 2011.
MENEZES, Maria Aparecida de (org.). *Histórias de migrantes*. São Paulo: Loyola, 1992.
MONTENEGRO, Antônio Torres. *História Oral e memória*: a cultura popular revisitada. São Paulo: Contexto, 1992.
MORAIS, Marieta de. *História Oral*. Rio de Janeiro: Diadorim, 1994.
NASH, June. *I Spent My Live In The Mines:* The History of Juan Rojas, Bolivian Tin Miner. Nova York: Columbia University Press, 1992.
NOIRET, Serge. História pública digital. *Liinc em Revista*. Rio de Janeiro, v. 11, n. 1, pp. 28-51, maio de 2015.
NORA, Pierre. *Les lieux de mémoire*. Paris, Gallimard, 1984-92, 3v.
OLIVEIRA, Albertina et al. *Memórias das mulheres do exílio*. Rio de Janeiro: Paz e Terra, 1980, v.2.
OLSON, David; TORRANCE, Nancy. *Cultura escrita e oralidade*. São Paulo: Ática, 1995.
ONG, Walter. *Oralidade e cultura escrita*. Campinas: Papirus, 1998.
ORLANDI, Eni Puccinelli. *Sobre interpretação*. Campinas: Unicamp, 1996.
_____. *As Formas do silêncio:* no movimento dos sentidos. Campinas: Unicamp, 1997.
OWEN, Barbara: *In The Mix* – Struggle And Survival In A Women's Prison. Albani: State University of New York Press, 1998.

Passerini, L. *Facism in Popular Memory*. Cambridge/Paris: Maison des Sciences de l'Homme/ Cambridge University Press, 1987.

_____. *Autobiography of a Generation. Italy, 1968*. Hanover: Wesleyan University Press, 1996.

_____. "Mitobiografia em História Oral". *Revista Projeto História*, 29/40, n. 10, São Paulo, 1993.

Patai, Dafne; Gluck, S. B. *Women's Words*. The Feminist Practice of Oral History. Nova York/ Londres: Routledge, 1991.

Pêcheux, Michel. *O discurso*. Campinas: Pontes, 1990.

Perelmutter, D.; Antonacci, M. A. (orgs.). *Ética. Projeto*. São Paulo, puc, n.15, abr. 1997.

Perks, Robert; Thomson, Alistair (orgs.). *The Oral History Reader*. Nova York: Routlege, 1998.

Pinsky, Carla Bassanezi (org.). *Fontes históricas*. São Paulo: Contexto, 2005.

_____. "Memória e identidade social". *Estudos Históricos*. Rio de Janeiro, v. 5, n. 10, 1992, pp. 200-212.

Pollak, Michael. "Memória, esquecimento, silêncio". *Estudos Históricos,* Rio de Janeiro, v. 2, n. 3, 1989, pp.3-15.

Portelli, Alessandro. "Sonhos ucrônicos: memórias e possíveis mundos dos trabalhadores". *Projeto de História*. puc, São Paulo, n. 10, dez. 1993, pp. 41-58.

_____. O que faz a História Oral diferente. *Projeto de História* – Revista do Programa de Estudos Pós-Graduados em História e do Departamento de História da puc. n.14, São Paulo, fev. 1997, pp. 31-32.

_____. "História Oral como Gênero". *Projeto de História: História e Oralidade*. Revista do Programa de Estudos Pós-Graduados em História e do Departamento de História da puc. n. 22. São Paulo, educ, jun. 2001, pp. 9-36.

_____. *História oral como arte da escuta*. São Paulo: Letra e Voz, 2016.

_____. *The Text And The Voice*. Nova York: Columbia University Press, 1994.

Prats, Pilar Dominguez. *Voces del exilio*: mujeres españolas en México 1939-1950. Madrid: Instituto de investigaciones Feministas de la Universidad Complutense de Madrid, 1994.

Queiroz, Maria Isaura Pereira. *Variações sobre a técnica de gravador no registro da informação viva*. São Paulo: ceru/fflch/usp, 1985. (Coleção Textos)

Ricoeur, Paul. *A memória, a história, o esquecimento*. Campinas: Editora da Unicamp, 2007.

Ritchie, Donald A. *Doing Oral History:* Practical Advice And Reasonable Explanations For Anyone. Nova York: Twayne Publishers, 1995.

Rodrigues, Dirce Spedo; Vianna, Cláudia Pereira (coords.). *Eu, ex-menor abandonado*. São Paulo: Loyola, 1989.

Rosenzweig, Roy; Thelen, David. *The Presence of the Past:* Popular Uses Of History in American Life. Nova York: Columbia University Press, 1998.

Rovai, Marta Gouveira de Oliveira. *A greve no masculino e no feminino [Osasco, 1968]*. São Paulo: Letra e Voz, 2014.

Salazar, Afonso. *No nacimospa´ semilla*. Bogotá: cinep, 1990.

Santhiago, Ricardo; Magalhães, Valéria. *Depois da utopia*: a História Oral em seu tempo. São Paulo: Letra & Voz, 2013.

Santos, Andrea Paula dos. *Ponto de Vida*: cidadania de mulheres faveladas. São Paulo: Loyola, 1996.

Samuel, R.; Thompson, P. (orgs.) *The Myths We Live By*. Nova York: Routledge, 1990.

Schama, Simon. *Paisagem e Memória*. São Paulo: Companhia das Letras, 1996.

Schwarztein, D. (org.). *La historia oral*. Buenos Aires: Centro Editorial de America Latina, 1991.

Seawright, Leandro A. A História Oral como disciplina, a memória coletiva e a "costura artesanal" – religião, política. *Revista nupem*. Campo Mourão, v. 9, n. 17, pp. 29-43, maio/ago. 2017.

_____. O *corpus* documental em História Oral: teoria, experiência e transcriação. *Revista Observatório*, Palmas, v. 2, n. 1, pp. 54-75, jan.-abr. 2016.

SELDON, Anthony; PAPPWORTH, Joanna. *By Word Of Mouth*: Élite Oral History. Cambridge: Cambridge University Press, 1983.

SHOPES, L. "A evolução do relacionamento entre história oral e história pública". In: MAUAD, Ana Maria; ALMEIDA, Juniele Rabêlo; SANTHIAGO, Ricardo (orgs.). *História Pública no Brasil*: sentidos e itinerários. São Paulo: Letra e Voz, 2016, pp. 71-84.

SILVA, Emmanoel Gomes. *Espíritos acuados*: História Oral com apenados. Porto Velho, 1999. Monografia (Departamento de História) – Universidade Federal de Rondônia.

SIMSON, Olga Rodrigues de Moraes (Org.). *Os desafios contemporâneos da História Oral.* Campinas: CMU/Unicamp, 1997.

_____. *Experimentos com História Oral de vida*: Itália-Brasil. São Paulo: Vértice/Revista dos Tribunais, 1998.

SITTON, T.; MEHAFFY, G.; DAVIS, O. *Historia oral*. Una guía para profesores (y otras personas). México: Fondo de Cultura Económica, s. d.

SMITH, Kate Darian; HAMILTON, Paula. *Memory & History in Twentieth-Century Australia.* Oxford: Oxford University Press, 1994.

SOUZA, Edinéia Bento de. *O Mito do Herói*: História Oral de Vida com Homens da Comunidade Santa Marcelina. Porto Velho, 2002. Monografia (Departamento de História) – Universidade Federal de Rondônia.

SOUZA, Maria Cristiane Pereira. *Vozes que curam*: História Oral de Vida. Porto Velho, 2001. Monografia (Departamento de História) – Universidade Federal de Rondônia.

TÁPIA, Marcelo; NÓBREGA, Thelma Médici (orgs.). *Haroldo de Campos*: transcriação. São Paulo: Perspectiva, 2013.

THOMSON, Alistair. Recompondo a memória: questões sobre a relação entre a História Oral e as memórias. *Projeto História*, São Paulo, n. 15, abr. 1, pp. 51-84.

THOMPSON, Paul. *A voz do passado*: História Oral. Trad. de Lólio Lourenço de Oliveira. Rio de Janeiro: Paz e Terra, 1992.

TONKIN, Elizabeth. *Narrating Our Pasts* – The Social Construction Of Oral History. Cambridge: Cambridge University Press, 1992.

TOURTIER-BONAZZI, Chantal. *Propuestas metodológicas, Historia y Fuente Oral.* Barcelona, 6, 1991.

TRABATTONI, Franco. *Oralidade e Escrita em Platão.* São Paulo/Ilhéus, Discurso Editorial/Editus, 2003.

VANSINA, Jan. *Oral Tradition as History.* Madison: University of Wisconsin Press, 1985.

VIEZZER, Moema. *"Se me deixam falar..."*: Domitila: Depoimento de uma Mineira Boliviana. São Paulo: Global, 1984.

_____. *Se alguém quiser saber...* São Paulo: Global, 1982.

VILANOVA, Mercedes. *Las Mayorias Invisibles*: Explotación Fabril, Revolución y Represión. Barcelona: Icaria/Antrazyt, 1997.

VILAS BOAS, Sérgio. *Perfis*: e como escrevê-los. São Paulo: Summus, 2003.

_____. *Biografia e biógrafos:* jornalismo sobre personagens. São Paulo: Summus, 2002.

WEBER, Devra. *Dark Suit, White Gold.* Califórnia: University of California Press, 1994.

WINTER, Jay; SIVAN, Emmanuel. *War and Remembrance* – in the Twentieth Century. Cambridge: Cambridge University Press, 1999.

WOLDENBERG, José. *Las Ausencias Presentes.* México: Cal y Arena, 1992.

ZUMHTOR, Paul. *A letra e a voz.* São Paulo: Companhia das Letras, 1993.

_____. *Introdução à poesia oral.* São Paulo: Hucitec, 1997.

_____. *Performance, recepção e leitura.* São Paulo: EDUC, 2000.

Revistas especializadas:
HISTORIA ORAL Y FUENTE ORAL. Barcelona, Universidad de Barcelona.
HISTORIA, ANTROPOLOGÍA Y FUENTES ORALES. Dirigida por Mercè Vilanova da Universidad de Barcelona.
HISTÓRIA ORAL, Revista da Associação Brasileira de História Oral.
NEHO-HISTÓRIA, Revista do Núcleo de Estudos em História Oral.
PROJETO HISTÓRIA, Revista do programa de estudos pós-graduados em História do Departamento de História da PUC-SP, São Paulo.
THE ORAL HISTORY REVIEW, Journal of the History Association, New York.
ESTUDOS HISTÓRICOS MEMÓRIA. Edições Vértice, n. 3, 1989. (Número Especial).

OS AUTORES

José Carlos Sebe B. Meihy é professor titular aposentado do Departamento de História da Universidade de São Paulo (USP) e coordenador do Núcleo de Estudos em História Oral (NEHO-USP). É um dos introdutores da moderna História Oral no Brasil. Criador de uma metodologia própria de condução de História Oral, seus trabalhos são considerados fundamentais por estabelecer elos entre a narrativa acadêmica e o público em geral. Suas pesquisas combinam temas do tempo presente com estudos sobre identidade e memória. Centrando sua atenção na história oral de vida, tem sido convidado para cursos e eventos acadêmicos em diversas partes do mundo. Seus principais trabalhos no campo da relação sociedade-oralidade abordam questões ligadas aos índios Kaiowás, modos de estrangeiros verem o Brasil (brasilianistas), universo dos favelados paulistas da década de 1960 e pontos de vista dos brasileiros que na atualidade deixam o país.

Leandro Seawright é doutor em História Social pela USP. É professor adjunto nos cursos de licenciatura e bacharelado em História da Faculdade de Ciências Humanas da Universidade Federal da Grande Dourados (FCH/UFGD), docente do Programa de Pós-Graduação em História (mestrado e doutorado) da mesma instituição, além de coordenador do Núcleo de Estudos em História Oral, Memória e História Pública (HOMP/UFGD). Atuou como pesquisador da Comissão Nacional da Verdade, entre os anos de 2012 e 2014. Ao longo do tempo, dedicou-se à reflexão sobre a memória de expressão oral, a dimensão pública da história oral e, mais recentemente, à instrução da história oral aplicada. Seus estudos confluem com a História do Brasil Republicano, na intersecção entre religião, política, memória e histórias de vida ou narrativas de características testemunhais.

GRÁFICA PAYM
Tel. [11] 4392-3344
paym@graficapaym.com.br